Anonymus

Die erprobte, wohlfeil und gut zubereitende Kartoffel- und Obstköchin

Anonymus

Die erprobte, wohlfeil und gut zubereitende Kartoffel- und Obstköchin

ISBN/EAN: 9783944350523

Auflage: 1

Erscheinungsjahr: 2013

Erscheinungsort: Bremen, Deutschland

@ Kochbuch-Verlag in Access Verlag GmbH, Fahrenheitstr. 1, 28359 Bremen. Alle Rechte beim Verlag und bei den jeweiligen Lizenzgebern.

Die erprobte,
wohlfeil und gut zubereitende
Kartoffel- und Obst-Köchin.

Eine
vollständige, deutliche und auf Erfahrung gegründete
Anweisung für jedermann
aus
den Kartoffeln und dem Obste
an 400 sehr beliebte und wenig bekannte
Speisen aller Art
als:
Suppen, Gemüse, Zuspeisen, Salate, Mehlspeisen, Backwerke, ferner Compote, Creme's, Gelée's, Gefrornes, Getränke ꝛc. einfach und gut zu bereiten
und Früchte einzumachen.

Nach
vieljähriger, eigner Erfahrung verfaßt
von
einer praktischen Köchin.

In zwei Abtheilungen.
I. Abtheilung enthält das Kartoffel=Kochbuch.
II. Abtheilung enthält das Obst=Kochbuch.

Nürnberg 1840.
Verlag der C. H. Zeh'schen Buchhandlung.

Vorwort.

Kartoffeln und Obst! wer hält sie nicht mit für die nothwendigsten Bestandtheile der Kochkunst? welche Köchin kann sie entbehren, wenn sie ihre Kunst in vollem Lichte zeigen und etwas bereiten will, was dem Munde behagt, den Gaumen reizt, und nebenbei größtentheils mit wenig Kosten und Mühe verbunden ist?

Dieses beherzigend, hat sich eine praktische Köchin vorgenommen — ein großes, dickes Kochbuch? nein! deren gibt es schon sehr gute, sehr viele, ja zu viele! — sondern nur ein vollständiges Kartoffel = und Obst=Kochbuch zu liefern, welches, wie kein anderes derartiges Werk sämmtliche vorzügliche Speisen, Backwerke, welche sich aus Kartoffeln und dem Obste bereiten lassen, vereinigt, und auch noch andere Sachen und Delikatessen, als: Obstbreie, Compote, Creme's, Gellée's, Gefrornes und Getränke nebst einer deutlichen Anweisung zum Einmachen der Früchte enthält, so daß jede Köchin und Hausfrau in Betreff der Kartoffeln und dem Obste in fast allen Fällen sichere und deutliche Anweisung und Auskunft daraus erhalten kann und wird.

Da in dieses Kartoffel = und Obstbuch sehr viele Speisen und Recepte aufgenommen sind, welche sich in keinem, auch dem ausführlichsten Kochbuche nicht befinden, da es ferner mancherlei bisher noch nicht veröffentlichte Vortheile und Geheimnisse enthält, welche erst durch langjährige, oft kostspielige Erfahrung erworben werden mußte, so wird dieses Werkchen gewiß den Zweck, den ich bei Herausgabe desselben vor Augen hatte, vollkommen erfüllen, und ein Supplement, einen nützlichen Anhang zu jedem vorhandenen Kochbuche bilden.

Ich habe die Titelsucht bei Benennung der Speisen vermieden, welche bei vielen Kochbüchern vorherrscht, und nur bezweckt recht viele Speisen zu bekommen, welche am Ende doch auf Eines heraus kommmen, und habe nur dasjenige aufgenommen, was hinreichend verschieden ist, um als aparte Speisen zu gelten.

Ferner habe ich bei Auswahl der Speisen vorzüglich auf solche gesehen, welche sich wohlfeil und mit wenig Mühe bereiten, und deßhalb besonders in Familien gut anwenden lassen. Recepte, welche nur mit großen Kosten und Mühe zu bereiten sind, werden in der Regel wenig beachtet; doch ist auch damit mein Werkchen nicht ganz leer ausgegangen.

Für die Güte aller meiner Vorschriften kann ich mit Gewißheit stehen. Ich habe nur das von mir selbst Geprüfte, bewährt Gefundene und theilweise Verbesserte in mein Büchlein gebracht, weßhalb sich jede Köchin und Hausfrau meiner Angaben stets mit Zuversicht, Erfolg und Vortheil bedienen kann.

So möge denn mein Werkchen hinaus wandern in die weite Welt, und nicht übersehen werden unter der ungeheuern Masse der bereits erschienenen Kochbücher! Möchte das große Kochpublikum sich recht zahlreich desselben bedienen, und das rein Praktische meines Kartoffel = und Obstbuches erkennend, stets den gewünschten Rath und Aufschluß darinnen finden! Dieß wäre hinreichende Belohnung für die darauf verwandte Sorgfalt und Arbeit

der

Verfasserin.

Inhalt.

Erste Abtheilung.
Kartoffel-Kochbuch.

	Seite.
Vorwort.	III
Nro. 1. Bereitung des Kartoffelmehls	1
– 2. Kartoffeln in ihrer Schale	1

Suppen.

	Seite
Nro. 3. Kartoffelsuppe.	2
„ 4. „ mit Wurzeln.	3
„ 5. „ „ Eiern.	3
„ 6. „ „ Griesmehl.	3
„ 7. „ „ Rahm.	3
„ 8. „ „ Mehl.	4
„ 9. „ „ auf andere Art.	4
„ 10. Bouillonsuppe mit Kartoffelmehl.	4
„ 11. Biersuppe „ „	5
„ 12. Suppe mit Kartoffelklößchen.	5
„ 13. „ „ „ auf andere Art.	5
„ 14. „ „ gebackenen Kartoffelklößchen.	5
„ 15. „ „ auf andere Art.	6
„ 16. Kartoffelklößchen mit Gänseleber.	6
„ 17. „ „ auf andere Art.	6
„ 18. Schneeklößchen mit Kartoffelmehl.	7

Kartoffeln als Gemüse.

	Seite
Nro. 19. Kartoffelgemüse.	7
– 20. „ auf andere Art.	7
– 21. „ mit Milch.	8
– 22. „ „ Selleri.	8
– 23. „ „ weißen Rüben.	8
– 24. „ „ gelben Rüben.	8

		Seite
Nro. 25.	Kartoffeln mit Blumenkohl	8
" 26.	" " Braunkohl	8
" 27.	" " Erbsen	8
" 28.	Gebackener Braunkohl mit Kartoffeln	9
" 29.	Kartoffeln mit Sauerkraut und Hecht	9
" 30.	" " Häringssauce	10
" 31.	" " Birnen	10
" 32.	" " Aepfeln	10
" 33.	Kartoffelbrei mit Milch	11
" 34.	" " Wasser	11
" 35.	" " Eiern	11
" 36.	Saurer Kartoffelbrei	12
" 37.	Feiner Brei mit Kartoffelmehl	12
" 38.	Kartoffeln mit Senft	12
" 39.	" " Majoran	12
" 40.	" " Petersilie	13
" 41.	Geschmorte Kartoffeln	13
" 42.	Gerührte Kartoffeln	13
" 43.	Gefüllte Kartoffeln	14
" 44.	Kartoffeln mit Sardellen	14
" 45.	Gebackene Kartoffeln	14
" 46.	Geröstete "	15
" 47.	Englische "	15
" 48.	Glasirte "	15
" 49.	Gebackene Kartoffeln in Essig marinirt	15

Kartoffeln als Zuspeise mit Fleisch.

Nro. 50.	Fricandellen von Schweinfleisch und Kartoffeln	16
" 51.	" " Rindfleisch und Kartoffeln	16
" 52.	" " Kalbsbraten mit Kartoffeln	16
" 53.	Kartoffeln mit Bries	16
" 54.	Kartoffeln mit Krebsen	17
" 55.	Gansleber mit Kartoffeln	17
" 56.	Kartoffeln mit Stockfisch	17
" 57.	Stockfisch mit Kartoffeln und Häring	18
" 58.	Kartoffelpastete	18
" 59.	" " auf andere Art	19
" 60.	Kartoffeln mit Häring	19
" 61.	" " Hecht und Sardellen	19
" 62.	Glasirte Kalbsbriesschen mit Kartoffeln	20
" 63.	Englischer Braten mit Kartoffeln	20
" 64.	Gedämpftes Rindfleisch mit Kartoffeln	21
" 65.	Gefüllte Rindszunge mit Kartoffeln	21
" 66.	Beefsteaks mit Kartoffeln	21
" 67.	Lammsschlegel mit Kartoffeln	22

Kartoffel-Salate.

| Nro. 68 | Kartoffelsalat | 22 |

	Seite.
Nro. 69. Kartoffelsalat mit Sardellen	22
" 70. " " auf andere Art	22
" 71. " " ditto	23
" 72. " " Häring	23
" 73. Warmer Kartoffelsalat	23
" 74. Kartoffelsalat mit Wein	24

Kartoffeln als Mehlspeise.

	Seite.
Nro. 75. Kartoffelklöße	24
" 76. " mit Gries	24
" 77. " " Mehl	25
" 78. Klöße von rohen Kartoffeln	25
" 79. " " " auf andere Art	25
" 80. Gebackene Kartoffelklöße	26
" 81. " " auf andere Art	26
" 82. " " ditto	26
" 83. Kartoffelklöße mit Rahm	27
" 84. Kartoffel-Nudeln	27
" 85. " auf andere Art	28
" 86. Kartoffel-Spatzen	28
" 87. Kartoffel-Nocken	28
" 88. Dampfnudeln von Kartoffeln	28
" 89. Kartoffel-Kloß	29
" 90. Kartoffel-Koch mit Schinken	29
" 91. " " " Gries	29
" 92. " " " Reis	30
" 93. " " " Mark	30
" 94. " " " Aepfeln	30
" 95. Aufgezogenes Amulett mit Kartoffeln	31
" 96. Kartoffel-Eier-Kuchen	31
" 97. " " " auf andere Art	31
" 98. " " " ditto	32
" 99. Kartoffel-Auflauf	32
" 100. " " mit Parmesankäse	32
" 101. " " " Häring	33
" 102. Süßer Kartoffel-Auflauf	33
" 103. Kartoffel-Auflauf mit Mandeln	34
" 104. Auflauf von Kartoffelmehl	34
" 105. Roletten von Kartoffeln	34
" 106. Kartoffel-Scheibchen	35
" 107. Gefülltes Kartoffelgebäck	35
" 108. Kartoffelpudding	35
" 109. " mit Schinken	36
" 110. " " Kalbfleisch	36
" 111. Kartoffelpudding, geschmälzter	36
" 112. " mit Mandeln	37

		Seite.
Nro. 113. Kartoffelpudding mit Vanille		37
„ 114. „ „ „ Zitronen		38
„ 115. Kartoffelkrem		38
„ 116. Aufgezogene Kartoffelwürstchen		38

Kartoffelbackwerk.

Nro. 117. Kartoffel-Brod	39
„ 118. „ Kuchen	40
„ 119. „ „ gefüllter	40
„ 120. „ „ auf andere Art	41
„ 121. „ „ ditto	41
„ 122. Königskuchen	41
„ 123. Kartoffelkuchen von gekochter Masse	42
„ 124. Napfkuchen	42
„ 125. Eisenkuchen oder Hohlhippen	43
„ 126. Kartoffel-Torteletts	43
„ 127. Biscuit-Torte von Kartoffelmehl	43
„ 128. Kartoffel-Strauben	43
„ 129. Waffeln	44
„ 130. Kartoffel-Küchlein	44
„ 131. „ Plätzchen	45
„ 132. „ Biscuit	45
„ 133. „ Torte	45
„ 134. „ „ braune	45
„ 135. „ „ mit Zitronenmark	46
„ 136. „ „ „ Guß	46

Zweite Abtheilung.
Obst-Kochbuch.

Suppen.

	Seite.
Nro. 1. Aepfelsuppe	48
" 2. Birnsuppe	48
" 3. Weichselsuppe	48
" 4. Zwetschen- oder Pflaumensuppe	49
" 5. Hagebuttensuppe	49
" 6. Suppe von Johannisbeeren	49
" 7. Quitten-Suppe	50
" 8. Aprikosen-Suppe	50
" 9. Suppe von Prünellen	50
" 10. " " Kirschen	50
" 11. " " Stachelbeeren	50

Fleischspeisen und Geflügel mit Obst als Zuspeise.

Nro. 12. Rindfleisch mit Aepfeln	51
" 13. " " Quitten	51
" 14. Rindszunge mit Aepfeln	51
" 15. " " Hagebutten	52
" 16. Lammsbraten mit Borsdorfer Aepfeln	52
" 17. Lammsschlegel mit Birnen und Kruste	52
" 18. Schweinsschlegel mit Weichseln	53
" 19. Schweinsrippen mit Aepfeln gefüllt	53
" 20. Kalbsbraten mit Aepfeln	53
" 21. Gebratene Gans mit Quitten	53
" 22. " Ente " Aepfeln	54
" 23. Junge Hühner " Johannisbeeren	54
" 24. " " " Stachelbeeren	54

	Seite.
Nro. 25. Tauben mit Borsdorfer Aepfeln	55
» 26. Krammetsvögel mit Aepfeln	55
» 27. Lerchen mit Trauben	55
» 28. Lerchenragout mit Aepfeln	55

Mehlspeisen.

Nro. 29. Auflauf mit Aepfeln	55
» 30. » » » auf andere Art	56
» 31. » von Quitten	56
» 32. » » Birnen	56
» 33. » » Aprikosen	57
» 34. » » Johannisbeeren	57
» 35. » » Erdbeeren	58
» 36. » » Himmbeeren	58
» 37. » » Pflaumen	58
» 38. » » Kirschen	59
» 39. » » » auf andere Art	59
» 40. Aepfel-Koch	59
» 41. » auf andere Art	60
» 42. Reiß-Koch mit Aepfeln	60
» 43. » » » auf andere Art	60
» 44. Weichsel-Koch	61
» 45. Aprikosen-Koch	61
» 46. Kastanien »	62
» 47. Weichsel » mit schwarzem Brod	62
» 48. Aepfel » ditto	62
» 49. Grieß-Koch	63
» 50. Weintrauben-Koch	63
» 51. Stachelbeer »	63
» 52. Dampfnudeln mit Kirschen, Pflaumen oder Aprikosen	64
» 53. Aepfel-Spatzen	64
» 54. » Klöße	65
» 55. » » auf andere Art	65
» 56. » » gebackene	65
» 57. Kirsch »	66
» 58. Birnen »	66
» 59. Quitten -	66
» 60. Omeletten mit Aepfeln	67
» 61. Aufgegangene Omeletten mit Aepfeln	67
» 62. » Aepfel	68
» 63. Aepfel mit Sandtortenguß	68
» 64. Aepfel-Strudeln	68

	Seite.
Nro. 65. Johannisbeer-, Weichsel- oder Aprikosen-Strudeln	69
" 66. Aepfel-Pudding	69
" 67. Zwetschgen "	70
" 68. Pomeranzen "	70
" 69. Gefülltes Milchbrod mit Weichseln	71
" 70. Kirschen-Brod	71
" 71. Pflaumen in Semmelscheiben	71
" 72. Aepfel-Kuchen	72
" 73. " " auf andere Art	72
" 74. Kalbsleber mit Aepfeln	72

Backwerk:

Nro. 75. Aepfel-Küchlein	73
" 76. " Strauben	74
" 77. Gefüllte Aepfel	74
" 78. Besonders gute, gebackene Aepfel	74
" 79. Gebackene Erdbeer-Schnitten	75
" 80. Trauben-Schnitten	75
" 81. Kirschen-Küchlein	75
" 82. Gefüllte Aprikosen	75
" 83. Hagebutten-Küchlein	76
" 84. Gebackene Pflaumen	76
" 85. Kleine Eierkuchen von Johannisbeeren	77
" 86. Quitten-Strauben	77
" 87. Gefüllte Schmalzkräpfchen	77
" 88. Gefüllte Kolatschen	78
" 89. Aepfel-Kuchen	78
" 90. " " gerührter	79
" 91. Aepfel-Kuchen mit Butterteig	79
" 92. " " " Hefenteig	79
" 93. Kirschen- oder Weichselkuchen	80
" 94. " " auf andere Art	80
" 95. Kirschenkuchen mit schwarzem Brod	81
" 96. " " Butterteig	81
" 97. " " Mandelguß	81
" 98. Kuchen von Johannisbeeren	82
" 99. Himmbeer-Kuchen	82
" 100. Stachelbeer-Kuchen	82
" 101. Zwetschgen- oder Pflaumenkuchen	83
" 102. " " auf andere Art	83
" 103. Trauben-Kuchen	83
" 104. " " auf andere Art	83
" 105. Aepfel-Torte	84

		Seite.
Nro. 106.	Aepfel-Torte mit Guß	85
" 107.	Kirschen- oder Weichsel-Torte	85
" 108.	Torte von gedörrten Zwetschgen	86
" 109.	Brodtorte mit Kirschen	86
" 110.	Quitten-Torte	87
" 111.	" " mit Mandelguß	87
" 112.	Aprikosen-Torte	87
" 113.	Johannisbeer-Torte	88
" 114.	Biscuittorte mit Johannis- oder Himmbeeren	88
" 115.	Erdbeer-Torte	89
" 116.	Gefüllte Sandtorte	89
" 117.	Melonen-Torte	90
" 118.	Hagebutten-Torte	90
" 119.	Trauben-Torte	90
" 120.	Wiener-Torte	91
" 121.	Königs-Torte	91
" 122.	Sand-Torteletts mit Aprikosen	92
" 123.	Glasirte Torteletts	92
" 124.	Wiener Torteletts	93
" 125.	Gefüllte Torteletts	93
" 126.	" Waffeln	93
" 127.	" Maultaschen	94
" 128.	Pfaffenhüttchen von Aepfeln	94
" 129.	Gefüllte spanische Winde	94
" 130.	Hagebutten-Macronen	95
" 131.	Quitten-Hippchen	95
" 132.	Quitten-Schnee	95
" 133.	Aepfel-Schnee	96
" 134.	Ueberzogene Himmbeerplätzchen	96

Obst-Breie, Compote's, Creme's und Gelée's.

Nro. 135.	Aepfel-Brei	97
" 136.	" " auf andere Art	97
" 137.	" " mit einer Kruste	97
" 138.	Quitten-Brei	97
" 139.	Trauben-Brei	98
" 140.	Aprikosen-Brei	98
" 141.	Birnen-Brei	98
" 142.	Weichsel-Brei	98
" 143.	Zwetschgen-Brei	99
" 144.	Schwarz- oder Heidelbeer-Brei	99
" 145.	Stachelbeer-Brei	99
" 146.	Aepfel-Compot	99
" 147.	Birnen-Compot	100
" 148.	Kirschen-Compot	100

		Seite
Nro. 149. Weichsel-Compot	. . . . . .	100
„ 150. Johannisbeer-Compot	. . . .	101
„ 151. Erdbeer-Compot	. . . . .	101
„ 152. Pflaumen-Compot	. . . .	101
„ 153. Quitten-Compot	. . . . . .	102
„ 154. Aprikosen-Compot	. . . . .	102
„ 155. Stachelbeer-Compot	. . . .	102
„ 156. Pfirsich-Compot	. . . . .	102
„ 157. Melonen-Compot	. . . . .	103
„ 158. Aepfel-Creme	. . . . . .	103
„ 159. Kirschen-Creme	. . . . .	103
„ 160. Himmbeer-Creme	. . . . .	103
„ 161. Erdbeer-Creme	. . . . . .	104
„ 162. Hagebutten-Creme	. . . .	104
„ 163. Quitten-Creme	. . . . . .	104
„ 164. Aepfel-Gelée	. . . . . .	105
„ 165. Gelée von Pfirschen oder Aprikosen	. . .	105
„ 166. „ „ Quitten	. . . . .	106
„ 167. Kirschen-Gelée	. . . . .	106
„ 168. Gelée von Erd- oder Himmbeeren	. . .	106
„ 169 „ „ Johannisbeeren	. . . .	107
„ 170. „ „ Pflaumen	. . . . . .	107

Eingemachtes Obst.

		Seite
Nro. 171. Zucker zu läutern und zu kochen	. . . .	107
„ 172. Der Zucker zum kurzen und langen Faden	. .	108
„ 173. Der Zucker zur Blase	. . . . .	108
„ 174. Vorerinnerungen zum Aufbewahren der eingemachten Früchte	. . . . . .	108
„ 175. Weichseln mit Zucker einzumachen	. . .	109
„ 176. Weichsel-Marmelade	. . . . .	109
„ 177. Weichseln und Schlehen in Essig einzumachen	109
„ 178. Aprikosen einzumachen	. . . . .	110
„ 179. Aprikosen-Marmelade	. . . . .	110
„ 180. Aepfel-Marmelade	. . . . . .	110
„ 181. Birnen-Marmelade	. . . . . .	111
„ 182. Himbeere einzumachen	. . . . .	111
„ 183. Himmbeer-Marmelade	. . . . .	111
„ 184. Himmbeer-Saft	. . . . . .	111
„ 185. Johannisbeere einzumachen	. . . .	112
„ 186. Johannisbeer-Saft	. . . . . .	112
„ 187. Hagebutten einzumachen	. . . .	112
„ 188. Hagebutten-Marmelade	. . . . .	113
„ 189. Quitten einzumachen	. . . . .	113

		Seite.
Nro. 190.	Quitten-Marmelade	113
" 191.	Preiselbeere in Essig einzumachen	114
" 192.	Preiselbeere einzumachen	114
" 193.	Stachelbeere einzumachen	114
" 194.	Erdbeere einzumachen	115
" 195.	Kirschen einzumachen	115
" 196.	Melonen einzumachen	116
" 197.	Zwetschgen in Zucker einzumachen	116
" 198.	" " Essig einzumachen	116
" 199.	" " " einzukochen	117
" 200.	Kirschen und Weichseln einzukochen	117
" 201.	Früchte mancherlei Art aufzubewahren und frisch zu erhalten	118

Gefrornes von Obst.

" 202.	Von der Zubereitung des Gefrornen	119
" 203.	Gefrornes von Erdbeeren oder Himmbeeren	119
" 204.	" " auf andere Art	120
" 205.	" " Johannisbeeren	120
" 206.	" " Kirschen oder Weichseln	120
" 207.	" " Aprikosen	120
" 208.	" " Quitten	121
" 209.	" " Aepfeln	121
" 210.	" " Birnen	121
" 211.	" " Hagebutten	121
" 212.	" " Pfirschen	121
" 213.	" " Pflaumen	122
" 214.	" " Melonen	122
" 215.	" " Weintrauben	122

Getränke von Obst.

" 216.	Johannisbeer-Limonade.	123
" 217.	" Wein	123
" 218.	Weichsel-Wein	124
" 219.	Kirschen-Wein	124
" 220.	Kirschen-Wasser	124
" 221.	Himmbeer-Wein	125
" 222.	" Wasser	125
" 223.	Heidelbeer-Wein	125
" 224.	Borsdorfer Aepfeltrank	125
" 225.	Quitten-Ratafia	126
" 226.	Kirschen-Ratafia	126
" 227.	Ratafia von spanischen Weichseln	126
" 228.	" " Himmbeeren oder Johannisbeeren	126
" 229.	" " Erdbeeren, Maulbeeren oder Brombeeren	127
" 230.	" Pfirschen	127

Erste Abtheilung.
Kartoffel-Kochbuch.

Die zweite Abtheilung, das Obst-Kochbuch enthaltend, beginnt auf Seite 48.

1. Bereitung des Kartoffelmehls.

Man schält eine gute Sorte Kartoffeln, am besten eignen sich solche, welche sich mehlich kochen, und reibt sie auf einem Reibeisen. Nun legt man ein Tuch, welches nicht zu fest sein darf, damit das ausgeschiedene Mehl durchgehen kann, über eine Schüssel, in welcher sich Wasser befindet, thut die geriebenen Kartoffeln darauf, und bindet dasselbe zusammen. Alsdann drückt man es in das, in der Schüssel befindliche Wasser, und arbeitet es recht durch. Dieses setzt man so lange fort, bis aller Mehlgehalt der Kartoffeln durch die Zwischenräume des Tuches in das Wasser gekommen ist, welches man daran erkennt, wenn die zusammen gebundene Masse in frischem Wasser kein Mehl mehr von sich giebt. Wenn man nun alles Mehl ausgewaschen hat, setzt man das Gefäß eine viertel Stunde bei Seite, bis sich alles Mehl am Boden des Gefäßes gesetzt hat, und das Wasser ziemlich helle geworden ist, worauf man es abgießt, und wieder frisches Wasser darauf schüttet, und so fort fährt bis das Wasser ganz klar ist, und nicht den geringsten Geschmack mehr zeigt. Hernach gießt man das Wasser rein ab, welches leicht geschehen kann, da sich das Mehl fest zu Boden setzt. Sodann sticht man es mit einem Löffel heraus, legt es auf ein Tuch, und läßt es an der Luft trocknen. Das auf diese Art zubereitete Mehl ist sehr fein und weiß, und man kann es zu allen Arten von Koch- und Backwerken anwenden.

2. Kartoffeln in ihrer Schale.

Bei dem Kochen verhalten sich die Kartoffeln verschieden, nach Beschaffenheit ihres Alters und der Abart, wozu sie gehören. Man kann in letzterer Hinsicht die Kartoffeln in solche, welche sich mehlig und in solche, welche sich nicht mehlig kochen, eintheilen. Diejenigen Kartoffeln, welche rund und eine hellgelbe, dünne Schale haben, so wie auch die blauen, kochen sich mehlig, die länglicht geformten mit rother Schale, so wie die englischen, sogenannten Zuckerkartoffeln, jedoch nicht. Bei dem Kochen der Kartoffeln in ihrer Schale kommt es hauptsächlich darauf an, daß sie sämmtlich zu gleicher Zeit fertig werden; es ist daher nöthig, dieselben sowohl von einerlei Sorte, als von einerlei Größe zu wählen, indem die eine Sorte längere Zeit zum Kochen braucht als die andere, auch die kleinern Kartoffeln eher fertig werden, als die größern. Wenn man demnach von einer sich mehlig kochenden Sorte die benöthigte Quantität Kartoffeln ausgewählt und dabei alle fleckigen und beschädigten zurückgelassen hat, werden sie gewaschen und in ein Kochgeschirr gethan, mit kaltem Wasser so weit übergossen, daß die obersten kaum davon bedeckt sind, und zugedeckt zum Feuer gestellt. Sobald das Wasser anfängt zu sieden, wirft man etwas Salz und Kümmel hinein, wodurch die Kartoffeln einen angenehmen Geschmack bekommen. Das Kennzeichen, daß sie fertig sind, ist, wenn sie sich leicht von einander brechen lassen, und auf dem Bruche mehlig erscheinen. Wenn die Kartoffeln fertig sind, werden sie schnell abgegossen, ehe sie aufplatzen; sobald sie zu dampfen aufhören, werden sie in eine Schüssel gethan und auf den Tisch gebracht.

Auf eine bessere Art werden die Kartoffeln mit der Schale in heißen Wasserdämpfen gekocht; sie sind weit schmackhafter, als die auf gewöhnliche Art gekochten. Nachdem die Kartoffeln sorgfältig mit Wasser abgewaschen, und wieder abgetrocknet sind, gießt man ungefähr einen Zoll hoch Wasser in einen Topf, setzt einen zweiten durchlöcherten Boden darauf, füllt ihn dann mit Kartoffeln, deckt einen passenden Deckel darauf, und stellt den Topf so über das Feuer, bis die Kartoffeln weich sind.

3. Kartoffel-Suppe.

Sechs bis acht rohe Kartoffeln werden geschält und mit Wasser und Salz ans Feuer gesetzt. Sind sie so weich gekocht, daß sie zerfallen, so quirlt man sie mit zwei Eierdottern ab, und fügt Butter und Pfeffer nach Belieben bei. Statt des Wassers kann man auch Fleischbrühe nehmen.

4. Kartoffelsuppe mit Wurzeln.

Nachdem Selleri, Petersilie, Lauch und gelbe Rüben fein geschnitten sind, wird solches Alles in einem Tiegel mit Butter oder Bratenfett weich gedämpft. Dann werden rohgeschälte Kartoffeln in Scheiben geschnitten, nebst Fleischbrühe und Pfeffer an die gedämpften Wurzeln gethan, und so eine gute Stunde gekocht über fein geschnittenes, schwarzes Brod angerichtet, bevor man sie auf einer Kohlpfanne zugedeckt, noch etwas hat anziehen lassen.

5. Kartoffelsuppe mit Eiern.

Man reibe gesottene Kartoffeln, und rühre sie in siedende Fleischbrühe, füge etwas Salz, Muskatennuß und Wurzeln dazu, lasse es aufkochen, und rühre zwei Eierdottern recht glatt ab, thue sie zu dem Uebrigen und richte es über geröstetes, weißes Brod an.

6. Kartoffelsuppe mit Grießmehl.

Man kocht sechs bis acht Stück große Kartoffeln, nicht gar zu weich, schält und zerbrückt sie. Nachdem man in einer Casserole ein Stückchen Butter heiß gemacht hat, werden die Kartoffeln nebst einer Handvoll Grießmehl und klein gewürfelten Selleri in der Butter gedämpft, eine Maas kochende Fleischbrühe, oder siedendes, gesalzenes Wasser daran gegossen, und noch eine viertel Stunde gekocht.

7. Kartoffelsuppe mit Rahm.

Man schneidet Selleri in kleine Würfeln, giebt solche nebst geriebenen Kartoffeln in siedende Fleischbrühe, und läßt sie mit etwas Salz und Muskatenblüthe kochen, bis der Sellerl weich wird. Eine Viertelstunde vor dem Anrichten werden zwei bis drei Eßlöffel voll sauren Rahm mit ein wenig Mehl glatt gerührt, und mit dem Uebrigen aufgekocht, nnd sodann über gebähtes Brod angerichtet.

8. Kartoffelsuppe mit Mehl.

Man siedet 6 bis 8 Kartoffeln; nachdem sie erkaltet sind, werden solche gerieben, und so viel schönes Mehl darunter gemengt, daß es ein Teig wie zu einer geriebenen Gerste wird. Hierauf reibt man ihn auf einem Reibeisen läßt ihn trocknen, in siedender, gesalzener Fleischbrühe eine halbe Stunde lang kochen, und richtet es durch einen Durchschlag über, in Schmalz geröstetem Brod an.

9. Auf andere Art.

Sechs große Kartoffeln werden gerieben. Nachdem man in einer Casserole klein geschnittene Petersile mit Butter gedämpft hat, fügt man die geriebenen Kartoffeln dazu, und läßt sie noch eine Weile dämpfen. Hierauf gießt man eine Maas siedende Fleischbrühe nebst Gewürz dazu, und läßt es noch eine halbe Stunde kochen. Unterdessen schneide man Finger dicke und eben so lange Stückchen Eierbrod, tauchet solche in Eier ein, bäckt sie aus heißem Schmalz, und richtet das Gekochte darüber an.

10. Bouillonsuppe mit Kartoffelmehl.

Auf eine Maas Bouillon rührt man zwei Eßlöffel voll Kartoffelmehl mit kaltem Wasser klar, gießt die siedende Bouillon dazu, nebst einigen Zitronenscheiben und klein geschnittener Zitronenschale, und läßt sie damit noch einmal aufkochen.

11. Biersuppe mit Kartoffelmehl.

Man läßt gutes Weißbier mit Zitronenschalen, einigen Zitronenscheiben, Zucker und Zimmt aufsieden, rührt dann zu einer Maas Bier zwei Eßlöffel voll, in kaltem Bier zerquirltes Kartoffelmehl hinzu, und läßt Alles noch einmal aufkochen.

12. Suppe mit Kartoffelklößchen.

Man rühre ein viertel Pfund Butter recht schaumig ab, schlage nach und nach vier Eier daran, nebst ein halb Pfund geriebener Kartoffeln, einer Handvoll geriebener Semmeln, zwei Eßlöffel feines Mehl und etwas Salz, rühre die Masse untereinander, forme kleine Klößchen daraus, und koche sie in guter Fleischbrühe.

13. Auf andere Art.

Hierzu schneide man für drei Kreuzer weißes Milchbrod in recht dünne Schnitten, und röste es in Schmalz oder Butter, gießt ungefähr eine viertel Maas siedende Milch darüber, deckt es zu, und läßt es eine viertel Stunde stehen. Rührt hierauf ein paar Hände voll geriebene Kartoffeln darunter, daß sie ein Drittheil des Brodes betragen, schlägt drei bis vier Eier darein, und rührt Alles wohl untereinander. Sollte der Teig zu dünn sein, so müßte noch etwas Mehl dazu gestäubt werden; die Masse muß immer fest sein, sonst würden die Klößchen zerfallen. Formire sie, und lasse sie eine Viertelstunde in siedender Fleischbrühe kochen.

14. Suppe mit gebackenen Kartoffelklößchen.

Vier große gekochte und geschälte Kartoffeln werden, wenn sie erkaltet sind, gerieben, vier Eier daran geschlagen, Salz, Muskatennuß und kleingeschnittene Zitronenschalen hinzu gethan. Aus dieser Masse werden mit einem, vorher in heißes Wasser getauchten Eßlöffel kleine

Klößchen abgestochen, selbige in heißem Schmalz gebacken, und eine Viertelstunde in siebender Fleischbrühe gekocht.

15. Auf andere Art.

Zwei Loth Schmalz oder Butter werden recht schaumig abgerührt, sodann zwei Eier eins nach den andern daran geschlagen, und mit zwei Loth Mehl und eben so viel geriebenen Kartoffeln nebst Salz untereinander gemacht, kleine Klößchen formirt, und in heißem Schmalz gebacken. Man läßt sie in einer Jus, oder Fleischbrühe eine halbe Viertelstunde kochen.

16. Kartoffelklößchen mit Gänseleber.

Man hackt ein oder zwei Gänselebern, je nachdem sie groß sind, recht fein, röstet eine Handvoll geriebene Semmeln in Schmalz; wenn es kalt ist, vermengt man es mit eben so viel geriebenen Kartoffeln, rührt die fein gehackte Leber mit zwei Eiern, Salz, Muskatennuß, klein geschnittener Zitronenschale, und giebt das mit Kartoffeln vermengte Brod, nebst etwas Milch dazu; die Masse darf nicht fest sein. Nun bäckt man aus heißgemachtem Schmalz kleine Klößchen, und läßt sie eine Viertelstunde in siebender Fleischbrühe kochen.

17. Auf andere Art.

Ein viertel Pfund Butter wird recht schaumig gerührt, vier Eierdottern nach und nach dazu gethan, nebst ein wenig abgeriebener Zitronenschale, Mußkatennuß, sechs Stück geschälter und gestoßener bitterer Mandeln, und ein halb Pfund Kartoffelmehl. Das Weiße von den Eiern wird zu Schnee geschlagen, und leicht unter die Masse gerührt. Nun werden mit einem Eßlöffel Klößchen nach beliebiger Größe abgestochen, und in heißem Schmalze schön hellgelb gebacken. Zuvor stößt man frische, oder gedörrte Weichseln sammt den Kernen, und kocht sie mit etwas

Waſſer eine halbe Stunde lang. Dann werden die Weichſeln durch einen Durchſchlag getrieben, und mit zwei Theilen Wein und einem Theil Waſſer, Zucker, fein geſchnittener Zitronenſchalen, und geſtoßenen Zimmt zum Feuer geſtellt, und nachdem man dieſes noch eine Viertelſtunde hat ſieden laſſen, die Klößchen darinnen aufgekocht.

18. Schneeklößchen mit Kartoffelmehl.

Man ſchlage von ſechs Eiern das Weiße zu einem ganz ſteifen Schnee, dazu giebt man 1 Loth Kartoffelmehl, 4 Loth geſtoßenen Zucker nebſt abgeriebener Zitronenſchale, und legt mit einem Eßlöffel Klößchen in ſiedende Milch; ſie dürfen nicht lange kochen. Bei dem Anrichten beſtreut man ſie mit Zucker und Zimmt.

Kartoffeln als Gemüſe.

19. Kartoffelgemüſe.

Nachdem die Kartoffeln geſchält, gewaſchen und in Scheiben geſchnitten ſind, werden ſie in Fleiſchbrühe gekocht. Wenn ſie weich ſind, giebt man geröſtete Zwiefeln, Salz, ein Stück Butter, nach Belieben Majoran dazu, und läßt ſie noch ein wenig aufkochen.

20. Auf andere Art.

Die Kartoffeln werden, nachdem ſie gewaſchen ſind, in geſalzenen Waſſer nicht zu weich gekocht, geſchält und in vier Theile geſchnitten, Butter oder Bratenfett in einem Tiegel (Caſerole) heiß gemacht, klein geſchnittene Zwiebeln, die Kartoffeln mit Salz und ein wenig Pfeffer dazu gethan, und ſo lange gedämpft bis ſie geblich ſind. Nachdem werden ſie mit etwas Mehl beſtäubt, ſiebende Fleiſchbrühe dazu gegoſſen, und ſo noch ein wenig gekocht. Vor dem Anrichten kann man einen klein geſchnittenen Häring dazu thun.

21. Kartoffeln mit Milch.

Eine halbe Maas gute Milch wird mit zwei Eßlöffeln voll Mehl in einer Casserole abgerührt, und mit recht fein geschnittenen Zwiebeln, Petersilienkraut, etwas Salz, Pfeffer, Muskatennuß einigemal aufgekocht. Sodann die vorher schon in Salzwasser gekochten und in Scheiben geschnittenen Kartoffeln noch eine viertel Stunde mit kochen lassen.

22. Kartoffeln mit Selleri.

Man nimmt halb so viel Selleri als Kartoffeln. Nachdem beide geschält und gewaschen sind, läßt man in einer Casserole ein Stück Butter oder Fett heiß werden und die Kartoffeln sammt Selleri so lange dämpfen bis sie weich sind. Hierauf Fleischbrühe dazu gegossen, und noch ein wenig aufgekocht.

23. Kartoffeln mit weißen Rüben.

Bereitung auf dieselbe Weise.

24. Kartoffeln mit gelben Rüben.

Eben so.

25. Kartoffeln mit Blumenkohl.

Eben so.

26. Kartoffeln mit Braunkohl.

Dasselbe.

27. Kartoffeln mit Erbsen.

Man koche Erbsen im Wasser weich, und treibe sie durch einen Durchschlag. Nun röstet man klein geschnittene Zwiebeln mit Butter oder Bratenfett in einer Casserole, gieße etwas Fleischbrühe daran, giebt die zuvor im Salzwasser gekochten und in Scheiben geschnittenen Kartoffeln, so wie die durchgetriebenen Erbsen dazu, und läßt Beides noch eine Viertelstunde kochen.

28. Gebackener Braunkohl mit Kartoffeln.

Man läßt in einer Casserole fein geschnittene Zwiebeln in Butter oder Bratenfett gelb werden, giebt den Braunkohl hinzu, und läßt ihn bei gelindem Feuer dämpfen, bis er weich ist, stäubt ein wenig Mehl darauf, und kocht ihn mit etwas Fleischbrühe gut auf. — Nun beschmiert man eine Randschüssel mit Butter, gießt zerquirlten, saueren Rahm hinzu, und giebt eine Lage Kohl darauf, alsdann eine Lage abgekochte und in Scheiben geschnittene Kartoffeln, nebst einer Lage Schnitten von gekochtem Schinken und fährt so theilweise fort, bis man damit zu Ende ist; die letzte Lage muß aber wieder von Braunkohl sein. Nun übergießt man ihn mit Rahm, streut geriebene Semmel darauf, und läßt ihn in einer Bratröhre backen.

29. Kartoffeln mit Sauerkraut und Hecht.

Das Kraut wird wie gewöhnlich gekocht; eine Stunde vor dem Anrichten, wird ein Hecht abgeschuppt, gewaschen in Stücke zerschnitten und in Salzwasser gesotten; dann die Haut abgezogen, die Gräten sorgfältig herausgenommen, und der Hecht in kleine Stückchen verzupft, der Kopf bleibt ganz. Nun werden gekochte und in Scheiben geschnittene Kartoffeln in Butter ein wenig geschmort. Zu zwei Pfund Hecht läßt man vier Loth Butter zerfließen, und rührt eine achtel Maas süßen Rahm daran, giebt das Kraut, welches recht eingekocht sein muß dazu, und mischt es unter einander. Nun nimmt man eine Randschüssel, beschmiert sie mit Butter, und giebt eine Lage Kraut, die geschmorten Kartoffeln, sodann den Hecht darauf, und fährt so fort bis alles auf der Schüssel ist; die letzte Lage muß aber Kraut sein. Dann wird der Hechtkopf in die Mitte gesteckt, geriebene Semmeln darauf gestreut, mit dünnen Schnitten Butter belegt und gebacken.

30. Kartoffeln in Härings-Sauce.

Man lege den Häring eine Stunde in Wasser. Nachdem er abgehäutet und von den Gräten befreit ist, schneide man ihn ganz klein. Nun gießt man in eine Casserole ein Glas weißen Wein, und eben so viel Wasser, und wenn es anfängt zu sieden, thut man den klein gehackten Häring, klein geschnittene Schalotten-Zwiebeln und einen Löffel voll Mehl, in Butter hellgelb geröstet, nebst etwas Zitronensaft dazu. Nachdem es gekocht hat, verrührt man zwei Eierdottern, treibt die Sauce durch einen Durchschlag, vermengt sie mit den Eiern, und richtet sie über weich geschmorte Kartoffeln an.

31. Kartoffeln mit Birnen.

Nachdem ungefähr zwölf Birnen geschält, in zwei Stücke geschnitten, und daß Kernhaus weggenommen ist, werden selbige mit vier Loth Butter nebst etwas Zucker, in einer Casserole, worin so viel Wasser gegossen wird bis es die Birnen bedeckt, weich gekocht. Dann werden eben so viel Kartoffeln geschält, in Scheiben geschnitten, und so lange mit den Birnen gekocht, bis eine dicke Sauce darunter bleibt. Dieß Gemüse darf nicht gerührt, sondern im Tiegel geschüttelt werden, damit es nicht anbrennt, welches sehr leicht geschieht. Man ißt dazu gekochten Schinken, oder Schweinefleisch.

32. Kartoffeln mit Aepfeln.

Diese werden auf ähnliche Art gekocht, doch müssen Aepfel und Kartoffeln zugleich in die Casserole gegeben werden, auch erfordern selbige weniger Wasser, weil sie schneller weich werden. Sie brauchen gleich den Birnen reichliches Fett. Man kann auch statt Butter, Rindfleischfett nehmen. Zu gebräuntem Rindfleisch, so wie auch zu Fricandellen ꝛc. schmecken sie sehr gut.

33. Kartoffelbrei mit Milch.

Dazu sind die mehlichten am besten. Diese schält man ungekocht, schneidet sie in vier Theile, und kocht sie im Salzwasser. Wenn sie weich sind, seihet man das Wasser davon ab, und zerdrückt sie im Topfe mit einem Kochlöffel, gießt währendem siedende Milch darauf, bis es einen dicken Brei (Mus) giebt. Zuletzt röstet man klein geschnittene Zwiebeln in Butter schön gelb, und gießt sie darüber.

34. Kartoffelbrei mit Wasser.

Wenn die Kartoffeln wie vorher beschrieben, mit Wasser weich gekocht sind, wird dieses sogleich abgegossen, weil sie sonst zuviel Wasser an sich ziehen. Nun rührt man sie mit Butter und dem erforderlichen Salze so lange, bis sie ganz zähe sind. Hernach wird wieder etwas von dem abgegossenen Wasser hinzu gethan, und damit unter beständigen Umrühren eine Weile gekocht. Bei dem Anrichten bestreut man den Brei mit geröstetem Brod.

35. Kartoffelbrei mit Eiern.

Sie werden wie die vorigen, nur ohne Salz gesotten, geschält und in Scheiben geschnitten. Hierauf in einem Stück Butter, mit Salz und Pfeffer, oder wer daß Süße liebt, mit Zucker, Zimmt und etwas abgeriebener Zitronenschale, nebst ein klein wenig Mehl überstreut, gedämpft. Alsdann füllt man daß Geschirr mit süßem Rahm auf, und läßt sie darinnen kochen. Unterdessen wird daß Gelbe von vier Eiern mit ein wenig Rahm verrührt, die Kartoffeln vom Feuer gesetzt, das Eigelbe darunter gerührt und läßt sie erkalten; sie müssen aber ziemlich dick sein. Alsdann zerläßt man in einem andern Geschirr ein Stück Butter, giebt die erkalteten Kartoffeln dazu und stellt sie auf starke Kohlen, bis sie unten eine gelbe Kruste haben; dann wendet man sie um, daß sie auf der andern Seite auch gelb werden.

36. Saurer Kartoffelbrei.

Man schält die Kartoffeln, schneidet sie in vier Theile, und kocht sie in Salzwasser. Wenn sie weich sind, wird das Wasser abgegossen, und erstere mit einem Kochlöffel zerdrückt. Währendem gießt man immer Weinessig und etwas Saft von einer Zittrone dazu, bis es einen dicken Brei giebt; beim Anrichten giebt man klein geschnittene und gelb geröstete Zwiebeln darauf.

37. Feiner Brei mit Kartoffelmehl.

Man rührt einen Eßlöffel voll Kartoffelmehl, mit drei bis vier Eierdottern und Zucker mit Milch ab, und gießt solches, unter beständigem Quirlen, in eine verhältnißmäßige Quantität guter kochender Milch, läßt es eine kurze Zeit bei gelinder Hitze kochen, und gieb den Brei mit einer Auflage von allen Arten Carbonaden ꝛc an den Tisch.

38. Kartoffeln mit Senft.

Die Kartoffeln werden geschält, dann zerschneidet man solche, nachdem sie gewaschen sind, in Stücken, und kocht sie in Salzwasser. Hierauf läßt man Mehl in vier Loth Butter etwas braun werden, und mit ungefähr einer Kaffeetasse voll Senft, einem Gläßchen Wein und eben so viel Essig, mit etwas Zucker, in einem Tiegel bei gelindem Feuer bis es anfängt zu sieden, stehen, und richtet es über die in Wasser abgekochten Kartoffeln an.

39. Kartoffeln mit Majoran.

Die Kartoffeln werden in Wasser gekocht, geschält, in Viertel geschnitten, und in Fleischbrühe nebst etwas

Salz recht verrührt; dann treibt man sie durch einen Durchschlag, und läßt sie mit Majoran noch etwas aufkochen.

40. Kartoffeln mit Petersilie.

Man schält die Kartoffeln und schneidet sie in etwas große Stücke; nun läßt man klein geschnittene Zwiebeln in Fett dämpfen, und thut einen halben Löffel voll Mehl dazu. Verdünnt es mit guter Fleischbrühe, giebt Salz, Pfeffer und klein gehackte Petersilie hinzu, und läßt die Kartoffeln darinnen weich kochen.

41. Geschmorte Kartoffeln.

Man schält und wäscht die Kartoffeln rein, schneidet sie in vier Theile und läßt solche, nachdem man sie gesalzen, eine halbe Stunde stehen. Hierauf thut man Butter nebst klein geschnittenen Zwiebeln zu den eingesalzenen Kartoffeln in eine zugedeckte Casserole, und läßt sie ungefähr eine Stunde bei gelinder Hitze schmoren, bis sie ganz weich und braun sind. Zu der Sauce röstet man geriebene Semmeln mit fein gehackter Petersilie, gießet Fleischbrühe dazu, thut es, ehe man anrichtet, zu den Kartoffeln, und läßt sie damit noch etwas aufkochen.

42. Gerührte Kartoffeln.

Nachdem die Kartoffeln geschält und in die Hälfte getheilt sind, werden sie gewaschen und mit kaltem Wasser ans Feuer gestellt. Sobald sie weich sind, werden sie sogleich abgegossen, in einen Topf gethan, und nebst Salz und einem Stückchen Butter so lange gerührt, bis sie ganz zähe sind. Dann gießt man etwas lau warme Milch daran, rührt sie damit gehörig durch, und stellt sie so lange zum Feuer, bis sie heiß sind. Dann richtet man sie an, und giebt geriebene Semmeln, in Butter geröstet, darüber.

43. Gefüllte Kartoffeln.

Gereinigte und gekochte Morcheln werden klein gehackt, nebst fein geschnittenen Zwiebeln in Butter gedämpft, und mit 2 Eiern, einer Handvoll geriebener Semmeln, welche in Butter geröstet werden, nebst Salz und Muskatenblüthe untereinander gerührt. Hierauf schneidet man kleine Deckelchen von geschälten und gewaschenen Kartoffeln ab, höhlt letztere aus, füllt eine jede derselben mit der beschriebenen Masse, legt den abgeschnittenen Deckel darauf, und setzt sie neben einander in eine Casserole mit zerlassener Butter, in welche man nur so viel Fleischbrühe füllt, daß sie darin kochen und weich werden können.

44. Kartoffeln mit Sardellen.

Die Kartoffeln werden gekocht, geschält, in Scheiben geschnitten, und die Sardellen gut gewaschen, von den Gräten abgezogen und in kleine Stückchen geschnitten. Dann bestreicht man eine Randschüssel stark mit Butter, legt eine Lage Kartoffeln hinein, darauf eine Lage Sardellen, auf welche man in Butter geröstete, klein geschnittene Zwiebeln streut, und fährt so fort, wechselsweise Alles einzulegen. Zuletzt streut man geriebene Semmeln darauf, übergießt sie stark mit zerlaßener Butter, und läßt sie backen.

45. Gebackene Kartoffeln.

Man kocht geschälte und in Scheiben geschnittene Kartoffeln in Salzwasser recht weich, gießt das Wasser davon ab, zerdrückt sie mit einem Kochlöffel, und rührt sie mit etwas Rahm recht stark. Nun treibt man sie durch einen Durchschlag, schlägt zu der Masse einige Eierdottern, und bäckt sie in einer mit Butter bestrichenen Form eine halbe Stunde. Hierauf stülpt man die Form über eine Schüssel, und giebt sie mit einer Butter-Sauce zu Tische.

46. Geröstete Kartoffeln.

Nachdem die Kartoffeln gekocht, abgeschält und in Scheiben geschnitten sind, mengt man Salz, Pfeffer nebst Kümmel darunter, und schwingt sie recht untereinander. Alsdann macht man Butter, oder Bratenfett in einer Pfanne heiß, röstet klein geschnittene Zwiebeln darinn, und thut die Kartoffeln dazu. Nachdem sie mit einem Löffel etlichemal untereinander gemacht sind, fügt man noch etwas Butter dazu, und läßt sie so lange über dem Feuer, bis sie eine Kruste haben. Nun deckt man einen Teller auf die Pfanne, und stürzt die gerösteten Kartoffeln darauf.

47. Englische Kartoffeln.

Die Kartoffeln werden in Salzwasser gekocht, sodann geschält, in gestoßenem Zwieback umgewandt, und in Butter gebraten.

48. Glasirte Kartoffeln.

Man läßt geschälte und in Scheiben geschnittene Kartoffeln eine Weile in kaltem Wasser liegen. Alsdann kocht man sie mit Jus, wozu man Butter und gelb geleiterten Zucker gethan hat, kurz ein, damit sich die Kartoffeln glasiren. Man gebraucht sie zum Garniren der Gemüße.

49. Gebackene Kartoffeln in Essig marinirt.

Man schält die Kartoffeln, schneidet sie in vier bis sechs Theile, und kocht sie in Salzwasser. Wenn sie weich sind, wird das Wasser abgegossen, und jedes Stückchen in Eiern und geriebenen Semmeln umgewandt. Nun bäckt man sie aus heißem Schmalz, gießt, wenn sie erkaltet sind, Essig und Oel, fein geschnittene Zwiebeln, nebst Salz und Pfeffer darauf, läßt es übernachts stehen, und giebt es zu Braten oder Rindfleisch zu Tisch.

Kartoffeln als Zuspeise mit Fleisch.

50. Fricandellen von Schweinfleisch und Kartoffeln.

Man hackt ein Pfund mageres Schweinfleisch, giebt dazu ein Pfund geriebene Kartoffeln, zwei Hand voll geriebene Semmeln, Salz, Pfeffer, nebst etwas Muskatennuß, und formt aus dieser Masse runde Klöße, drückt sie breit, wendet sie in geriebene Semmeln um, und bäckt sie in Schmalz schön hellbraun.

51. Fricandellen von Rindfleisch und Kartoffeln.

Ein Pfund Rindfleisch wird recht fein gehackt, und zwei Hände voll geriebene Semmeln in Schmalz geröstet, klein geschnittene Zwiebeln und Zitronenschale, Pfeffer, Carbamomen, Muskatennuß, Salz, nebst ein Pfund geriebener Kartoffeln dazu gethan. Dieß Alles wird mit drei Eiern recht unter einander gerührt, und wie vorher bemerkt, geformt und gebacken.

52. Fricandellen von Kalbsbraten mit Kartoffeln.

Man hackt Kalbsbraten klein, rührt einige Eier, geriebene und in Schmalz geröstete Semmeln, geriebene Kartoffeln, fein gehackte Zwiebeln, nebst klein geschnittenen Zitronenschale darunter, und verfährt damit auf die nähmliche Art, wie bei dem Vorhergehenden.

53. Kartoffeln mit Bries.

Es werden acht große Kartoffeln gesotten, wenn sie erkaltet sind, gerieben und mit sechs Eibottern gut gerührt. Sodann ein paar Brieschen ein wenig gesotten, fein gehackt, und nebst Salz und Muskatennuß hinzu gefügt, das Weiße von den Eiern zu Schnee geschlagen, und mit der Masse leicht vermengt, in eine mit Butter bestrichene Form gefüllt und gebacken.

54. Kartoffeln mit Krebsen.

Dieses wird wie das vorhergehende gemacht. Statt der Brieschen wird ein halbes Pfund Krebse gesotten, die abgeschälten Schwänze und Scheeren gehackt, und von den gestoßenen Schalen eine Krebsbutter gemacht, und solches mit dem Gehackten darunter gerührt, in eine Form gefüllt und gebacken.

55. Gansleber mit Kartoffeln.

Die zuvor gewaschene Gänseleber wird in einer Casserole, mit einem Stückchen zerlassener Butter, auf schwachen Kohlen gedämpft. Inzwischen röstet man gekochte und in Scheiben geschnittene Kartoffeln in Butter, legt sie auf eine Platte, richtet die gedämpfte Leber, nachdem man sie zuvor gesalzen hat, darauf an, und beträuft sie mit Zitronensaft.

56. Kartoffeln mit Stockfisch.

Man setzt gewässerten Stockfisch mit kaltem Wasser zum Feuer, und läßt ihn dabei stehen, bis er anfängt zu sieden; alsdann wird er heraus gethan, und von der Haut und den Gräten abgesondert. Hierauf schmiert man eine Randschüssel mit Butter, belegt sie mit gesottenen und in Scheiben geschnittenen Kartoffeln, giebt eine Lage Stockfisch darauf, bestreut ihn mit geriebener Semmel und Muskatenblüthe, hierauf wieder Butter, Kartoffeln und Stockfisch, und fährt so fort, wechselsweise Alles einzulegen. Nun gießt man eine Thectasse voll Fleischbrühe, nebst eben so viel süßen Rahm dazu, und läßt den Stockfisch auf Kohlen eine Viertelstunde kochen.

Bevor man ihn anrichtet, wird er gesalzen, und zuletzt geröstete Zwiebeln darauf gegossen.

57. Stockfisch mit Kartoffeln und Häring.

Die Kartoffeln werden gesotten, geschält und in Scheiben geschnitten. Nachdem der Stockfisch, wie vorhin gesagt, vom Feuer genommen, und von den Gräten befreit ist, wird eine Casserole dick mit Butter beschmiert, auf dem Boden daselbst eine Lage Kartoffeln und dann eine Lage Stockfisch gelegt. Vorher muß man einem Häring, nach dem er gewaschen ist, die Haut abziehen, die mittlere Gräte herauslösen, und den Häring nebst einer Zwiebel und etwas Petersilienkraut hacken, worauf man das Gehackte zu etwas geriebener, in Butter gerösteter Semmel schüttet, und mit derselben nebst etwas Muskatennuß noch ein wenig dämpfen läßt, und einen Theil davon auf den Stockfisch legt. Das überige Verfahren bleibt sich ganz dem vorigen gleich.

58. Kartoffelpastete.

Zur Einlage dieser Pastete kocht man eine beliebige Art Fische in Wasser und Salz ab, befreit sie von allen Gräten, und vermengt sie in einer Schüssel mit ausgeschälten Krebsschwänzen, abgekochten Morcheln, Zitronenscheiben, Muskatenblüthe, Salz und zerlassener Butter. Dann rührt man vier Loth Butter mit vier Eiern ab, thut sechs bis acht geriebene Kartoffeln, sechs Loth in Milch eingeweichte und wieder ausgedrückte Semmeln, klein geschnittene Zitronenschale, Salz nebst etwas Zucker dazu, und rührt Alles recht zusammen. Hierauf belegt man eine Randschüssel mit Butterteich, welchen man aber etwas größer als die Schüssel ist, schneidet, füllt die Einlage hinein, schüttet das Gerührte darüber, welches man glatt streicht, und biegt den Teich über. Nun ziert man einen Deckel von Butterteich aus, legt ihn darauf, bestreicht ihn mit gequirlten Ei, und läßt die Pastete backen.

59. Auf andere Art.

Man belegt eine Randschüssel mit Butterteig, kocht Kartoffeln, schält und schneidet sie in Scheiben, schwingt sie einigemal in zerlassener Butter auf, und giebt sie in die Pastete. Hierauf quirlt man einige Eierdottern mit etwas süßem Rahm und gehörigem Salze ab, und gießt dieß über die Kartoffeln, legt fein geschnittenen Schinken darauf, macht einen ausgezirten Deckel von Butterteig darüber, bestreicht ihn mit Eiern, und bäckt die Pastete.

60. Kartoffeln mit Häring.

Nachdem man einen Häring gewaschen, die Haut abgezogen und von den Gräten befreit hat, schneidet man ihn in kleine Stückchen. — Nun legt man gekochte und in Scheiben geschnittene Kartoffeln in eine Casserole, sodann eine Lage von dem Häring, nebst klein geschnittene Zwiebeln darauf, und belegt dieß mit Butterschnitten und saurem Rahm. Nun setzt man es auf Kohlenfeuer, und läßt es schmoren; es muß aber öfters geschüttelt werden, damit es nicht anbrennt.

61. Kartoffeln mit Hecht und Sardellen.

Wenn der Hecht geschuppt, ausgenommen und in der Mitte der Länge nach entzwei geschnitten ist, nimmt man den Rückgrad heraus, und schneidet den Hecht in Stückchen; der Kopf muß aber ganz bleiben. Alsdann läßt man zu zwei Pfund Hecht ein viertel Pfund Butter zergehen, und rührt vier Loth gewaschene, ausgegrätete und klein gehackte Sardellen in die zergangene Butter. Die Hälfte von diesem thut man in eine Casserole, legt den Hecht darein, streut ein wenig gestoßene Muskatenblüthe darauf, und bedeckt ihn mit der andern Hälfte von den in Butter gerührten Sardellen, drückt Zitronensaft daran, deckt die Casserole fest zu, und läßt den Hecht auf Kohlenfeuer eine halbe Stunde kochen. Dann wendet man ihn um, drückt wieder Zitronensaft darauf, und läßt ihn vollends auskochen. Unterdessen werden kleine englische Kartoffeln gesotten, geschält, mit Salz, Pfeffer und Kümmel überstreut, und in Butter schön gelb geschmort. Beim Anrichten wird der Kopf in die Mitte der Schüssel gethan, die andern Stücke recht zierlich herum gelegt, der Rand mit den geschmorten Kartoffeln garnirt, länglicht geschnittene Zitronenschalen darauf gestreut, und so zu Tisch gegeben.

62. Glasirte Kalbsbrieschen mit Kartoffeln.

Man siedet Kalbsbrieschen ein wenig in Wasser, daß man die Haut davon abziehen kann, salzt sie, thut Muscatenblüthe, Cordamom, klein geschnittene Zitronenschale, nebst Mark, Butter und etwas Fleischbrühe daran, dämpft sie, bis sie weich sind, und nicht mehr viel Sauce haben. Dann wird Jus in einer Casserole so lange gekocht, bis er braun und so dick ist, wie ein Saft. Nun röstet man gekochte, und in Scheiben geschnittene Kartoffeln in Butter, belegt eine Platte damit, richtet die Brieschen darauf, und glasirt sie mit dem dick gekochten Jus. — Die Sauce wird darüber gegossen, und mit Zitronen belegt, zu Tische gegeben.

63. Englischer Braten mit Kartoffeln.

Ein schönes Rippenstück von sechs bis acht Pfunden wird recht geklopft, gewaschen, und mit länglicht geschnittenen Sardellen und Zitronenschalen gespickt. Nun reibt man es mit Salz, Pfeffer, gestoßenen Cordamomen und Nelken ein, gießt hinlänglich Wasser daran, und läßt es vier Stunden braten; während dieser Zeit muß aber der Braten öfters übergossen werden. Eine Stunde vor dem Anrichten wird das Fett abgeschöpft, gekochte und geschälte Kartoffeln zu dem Fleisch gethan, zwei Löffel feines Mehl mit einer viertel Maas sauren Rahm angerührt, der Braten damit bestrichen, und das Uebrige mit der Sauce vermengt.

64. Gedämpftes Rindfleisch mit Kartoffeln.

Ein schönes Stück Rindfleisch wird mit klein geschnittenem Speck gespickt, gesalzen, mit Zitronen, Muskatenblüthe und Cordamomen gewürzt, in eine Casserole mit etwas Wasser gelegt, und wohl zugedeckt. Nun werden ein halb Pfund Kastanien gebraten, kleine englische Kartoffeln nicht zu weich gesotten, abgeschält, und mit den Kastanien eine halbe Stunde vor den Anrichten an das Fleisch gethan, und somit gedämpft.

65. Gefüllte Rindszunge mit Kartoffeln.

Die Zunge wird weich gekocht, die Haut abgezogen und der Länge nach von einander getheilt. Dann schneidet man das Fleisch heraus, hackt es, vermischt es mit einigen Eiern, kleinen Rosinen, gestoßener Muskatenblüthe, Salz, nebst einer Hand voll geriebener und in Schmalz gerösteter Semmeln, und eben so viel geriebener Kartoffeln, rührt dieß Alles durcheinander, und füllt es wieder in die ausgeschnittene Zunge. Hierauf bestreicht man eine Pfanne mit Butter, legt die gefüllte Zunge, nachdem man sie zuvor mit etwas Bindfaden befestigt hat, hinein, und bestreicht sie während dem Braten öfters mit zerlassener Butter, und giebt sie mit einer Sardellen-Sauce zu Tische.

66. Beefsteaks mit Kartoffeln.

Es werden vom Lendenbraten handgroße und messerrückendicke Stücke geschnitten; diese werden recht geklopft, mit einem Messer der Länge und Quere nach gehackt, jedoch nicht durchgehackt, sodann gesalzen, gepfeffert, und mit zerschmolzener Butter an raschem Feuer auf dem Roste, oder in einer flachen Pfanne gebraten. Beim Auftragen belegt man eine Platte mit kleinen gerösteten Zucker-Kartoffeln, giebt die Beefsteaks darauf, gießt die Butter darüber, und beträuft sie mit Zitronensaft.

67. Lammsschlegel mit Kartoffeln.

In Essig werden Zwiebeln geschnitten, dann gesotten und über den Schlegel, welcher mit Knoblauch gespickt wird, gegossen. Hat er einen Tag darin gelegen, so wird er in einer Bratpfanne im Ofen gebraten; wenn er weich ist, und eine schöne gelbe Sauce hat, so wird solche in eine Casserole gegossen, und kleine gesottene und geschälte Kartoffeln dazu gethan. Der Schlegel wird auf eine Schüssel gelegt, glasirt, ein wenig in den Ofen gestellt, und hernach die Kartoffeln mit der Sauce darum angerichtet.

68. Kartoffel-Salat.

Wenn die Kartoffeln weich gesotten und geschält sind, werden sie zu dünnen Scheiben geschnitten, fein geschnittene Zwiebeln, Salz und Pfeffer hinzu gethan, mit Essig und Oel untereinander gemacht, und eine viertel Stunde stehen gelassen.

69. Kartoffel-Salat mit Sardellen.

Die Kartoffeln werden, nachdem sie gesotten und zu dünnen Scheiben geschnitten sind, auf eine Saladiere gelegt; alsdann wird ein hartgesottenes Ei abgeschält, unten eine Scheibe davon abgeschnitten, und in die Mitte der Kartoffeln gesetzt. Hierauf werden folgende Sachen, jedes besonders, recht klein gehackt: Ein hart gesottenes Ei, dann Sardellen, rothe Rüben, Zwiebeln, Brunnenkresse und Kapern. Man vermische jedes mit Salz, Pfeffer, Oel und Essig, und bilde daraus Kränze, um das Ei herum, von abwechselnden Farben. Der übrig gebliebene Essig und das Oel wird zuletzt über das Ganze gegossen.

70. Auf andere Art.

Die Kartoffeln werden, nachdem sie gehörig weich gekocht und abgeschält sind, in Scheiben geschnitten, mit

Essig übergossen, und wenn sie erkaltet sind, mit Oel, Salz und Pfeffer vermengt, und mit abgekochten und zierlich ausgeschnittenen rothen Rüben, weichgesottenen und in Scheiben geschnittenen Selleri garnirt, was man Alles ebenfalls mit den, auf den Kartoffeln befindlichen Essi und Oel begießt.

71. Auf andere Art.

Die abgekochten und in Scheiben geschnittenen Kartoffeln werden mit ganz feinen, viereckigen Stückchen von dem Reste einer mürben, gebratenen Schöpfenkeule, nebst abgeschälten und in Scheiben geschnittenen, sauern Gurken, und in Essig eingemachten Bohnen symmetrisch auf eine Salabiere gelegt. Dieses wird mit Essig und Oel, vermengt mit klein geschnittenen Zwiebeln und Pfeffer, übergossen, und der Rand mit ausgewässerten, und in kleine Streifchen geschnittenen Häring garnirt.

72. Kartoffel-Salat mit Häring.

Man lege den Häring zwei Stunden in Wasser. Nachdem er abgehäutet und von den Gräten befreit ist, schneidet man ihn in Würfel; ebenso verfahre man mit dem kalten Kalbsbraten und den geschälten Aepfeln, und füge noch in Scheiben geschnittene Kartoffeln hinzu. Hierauf thut man die Milch der Häringe in einen Topf, rührt sie mit Essig und Oel recht ab, bis man davon eine recht schaumige Sauce bekommt, gießt dieselbe dazu, und vermengt Alles recht untereinander.

73. Warmer Kartoffel-Salat.

Nachdem die Kartoffeln gekocht, geschält und in Scheiben geschnitten sind, stellt man sie zugedeckt an einen warmen Ort. Dann schneidet man ein viertel Pfund geräucherten Speck in kleine Würfeln, und läßt diese in einer Casserole, nebst fein geschnittenen Zwiebeln, hellbraun dämpfen, worauf man die Grieben mit einem Schaumlöffel heraus nimmt. Zu dem vom Feuer genommenen Speck gießt man Essig, und läßt es zusammen heiß werden, rührt einen halben Schoppen sauren Rahm dazu, läßt es ein wenig aufkochen, und giebt dann die Kartoffeln dazu; nachdem sie noch ein wenig beim Feuer gestanden sind, richtet man sie in eine Salatiere, und streut die Speckgriebchen darüber.

74. Kartoffel-Salat mit Wein.

Wenn die Kartoffeln abgesotten und geschält sind, werden sind in dünne Scheiben geschnitten, und sogleich die Hälfte Essig und die Hälfte Wein darüber gegossen. Dann giebt man klein geschnittene Zwiebeln, nebst etwas fein gehackte Sardellen dazu, gießt das nöthige Oel daran, und mischt es durch einander.

Kartoffeln als Mehlspeise.

75. Kartoffelklöße.

Zwei Pfund geriebene Kartoffeln werden mit einem halben Pfunde feinem Mehl vermengt, um vier Kreuzer Semmeln oder Milchbrod würflicht geschnitten, und in Bratenfett hart geröstet. Sodann werden zwei bis drei Eier gequirlt und darüber gegossen, gesalzen, und Alles leicht unter einander gemengt; Klöße daraus geformt, und in Salzwasser eine viertel Stunde gekocht.

76. Kartoffelklöße mit Gries.

Ein und eine halbe Maas Gries wird mit einer halben Maas siedender Milch angebrüht. Nachdem es zugedeckt eine Weile gestanden hat, wird solches mit eben so viel geriebenen Kartoffeln vermengt. Alsdann röstet man um vier Kreuzer würflicht geschnittene Semmeln mit klein geschnittenen Zwiebeln recht fett, und rührt Alles mit vier Eiern und Salz stark durcheinander, formt Klöße daraus und läßt sie in Salzwasser eine halbe Stunde kochen. Man giebt sie mit einer beliebigen Sauce oder gekochtem Obste zu Tisch.

77. Kartoffelklöße mit Mehl.

Drei Pfund geriebene Kartoffeln werden mit einem Pfund feinem Mehle vermengt, drei Eier gequirlt, und diese mit etwas Salz leicht unter die Kartoffeln gerührt. Nun werden Klöße daraus formirt, solche im Salzwasser eine viertel Stunde gekocht, und fett geröstetes Semmelmehl darauf gebrannt.

78. Klöße von rohen Kartoffeln.

Nachdem man ungefähr 20 bis 25 Kartoffeln geschält und gerieben hat, werden diese in frisches Wasser gelegt, worinnen sie eine viertel Stunde lang bleiben können. Wenn man nun das Wasser abgegossen und wieder frisches hinzu gethan hat, wird es vier bis fünfmal wiederholt, damit die Kartoffeln weiß werden. Nachdem sie ganz rein abgegossen sind, werden sie recht fest durch ein reines Tuch gepreßt, und mit einer viertel Maas heißer Milch angerührt. Nun werden ungefähr zwölf gekochte Kartoffeln, wenn dieselben erkaltet sind, gerieben, nebst einer Hand voll Mehl und Salz dazu gethan, für 6 Kreuzer würflicht geschnittene Semmeln oder Milchbrod recht fett geröstet, und mit der Masse vermengt; daraus werden runde Klöße mit Mehl recht fest geformt, und in siedendem Salzwasser eine viertel Stunde gekocht. Wenn sie fertig sind werden sie mit Butter und klein geschnittenen Zwiebeln geschmelzt. Man giebt sie zu Sauerkraut, Ragut, oder dergl. zu Tisch.

79. Auf andere Art.

Ein und ein halbes Pfund Kartoffeln werden gekocht, und wenn sie erkaltet sind, gerieben. Alsdann für sechs Kreuzer Semmeln gerieben, und in Fett geröſtet, 10 Eier mit etwas ſüßen Rahm ſtark gequirlt, darüber gegoſſen, und mit der Maſſe nebſt Salz recht vermengt, runde Klöße daraus formirt, und wie die vorhergehenden in geſalzenen Waſſer gekocht.

80. Gebackene Kartoffelklöße.

Man nimmt zwölf große, mehlige Kartoffeln, kocht ſie weich, und ſchält ſie ſogleich ab. Nun werden ſie in einer Maas Quark (zuſammengeronner Theil der Milch) zerdrückt; dann ſchlägt man zwei Eier hinein, nimmt ein paar Hände voll geriebene Semmeln, röſtet letztere in Schmalz oder Butter, und giebt ſie dazu. Dieß Alles miſcht man recht zuſammen, und formirt runde Klöße von beliebiger Größe daraus, läßt in einer flachen Bratpfanne ein viertel Pfund Schmalz zergehen, und legt die Klöße hinein, wobei ſie in einer Bratröhre gebacken werden.

81. Auf andere Art.

Man röſte ungefähr 4 Hände voll geriebene Semmeln in Schmalz, und laſſe ſolche abkühlen. Sodann vermengt man ſie mit ein und einem halben Pfund geriebenen Kartoffeln, quirlt 6 Eier mit etwas Salz und Muskatenblüthe ab, worauf dieſes darüber gegoſſen wird. Nachdem Alles tüchtig zuſammen vermengt iſt, werden nicht allzugroße Klöße geformt, platt gedrückt, in Eiern und geriebenen Semmeln umgewendet, und in heißem Schmalz heraus gebacken. Man kann ſie mit gekochtem Obſte, oder als Beilage zu verſchiedenen Gemüßen geben.

82. Auf andere Art.

Ein viertel Pfund Butter wird recht ſchaumig abgerührt, und ſechs Eier hinzu geſchlagen. Nun rührt man dieß mit etwas abgeriebener Zitronenſchale und Zucker, einer Hand voll geriebener Semmeln, nebſt einem halben Pfunde geriebener Kartoffeln zu einen feſten Teig. Aus dieſem formt man Borsdorfer Aepfel große Klöße, wendet sie in gerührten Eiern und geriebenen Semmeln um, und bäckt sie in heißem Schmalz. Die fertigen Klöße nimmt man mit einem Schaumlöffel heraus, und baut sie schichtweise in Form eines spitzen Berges auf eine Schüssel, welche man mit Petersilie garnirt. Letztere darf aber nur kurze Zeit in dem heißen Schmalz sein, weil sie sonst ihre grüne Farbe verliert. Die Klöße werden mit einer Obstsauce zu Tische gegeben.

83. Kartoffelklöße mit Rahm.

Vier Loth Butter werden recht schaumig gerührt, und vier Eier nach und nach hinzu geschlagen. Nun thut man eine kleine Tasse voll Rahm, ein Pfund geriebene Kartoffeln, eine Hand voll geriebene Semmeln und eben so viel feines Mehl, nebst Salz dazu. Dieß Alles wird recht vermengt, kleine Klöße daraus geformt, und in siedender Fleischbrühe oder Salzwasser eine viertel Stunde lang gekocht. Man giebt eine Zwiebel-, Majoran-, oder Buttersauce dazu.

84. Kartoffel-Nudeln.

Man siedet mehlige Kartoffeln. Nachdem sie erkaltet sind, werden solche gerieben. Hierauf wird ein viertel Pfund Schmalz oder Butter recht schaumig abgerührt, und nach und nach sechs Eier daran geschlagen; dann giebt man ein halbes Pfund geriebene Kartoffeln, ein paar Eßlöffel voll Rahm, Salz und so viel Mehl dazu, daß der Teig so fest als ein aufgegangener Hefenteig wird; stäubt dann schönes Mehl auf ein Nudelbret, walzt den Teig zwei Fingerdick aus, und schneidet davon Finger lange Nudeln ab. Nun bestreicht man eine Casserole oder Bratpfanne dick mit Butter, legt die Nudeln hinein, und läßt sie backen. Wenn sie schön bräunlich sind, gießt man etwas Rahm hinzu, und läßt sie noch eine Weile in der Bratröhre. Wer sie gerne trocken hat, darf nur den Rahm weglassen, und nach Belieben gekochtes Obst mit zu Tische geben.

85. Auf andere Art.

Auf zwei mittelmäßig große Kartoffeln rechnet man ein Ei; von diesem rührt man das Gelbe darunter, thut einige Eßlöffel voll Mehl, einen Löffel Zucker, etwas abgeriebenen Zitronenschale und das Weiße von den Eiern zu Schnee geschlagen, dazu, rührt Alles wohl unter einander, und formirt kleine Nudeln davon. Dann gießt man einen Finger hoch Milch in eine breite, ganz platte Casserole (Tiegel), läßt Erstere mit einem Stück Butter kochend heiß werden, legt die Nudeln hinein, und läßt sie zugedeckt kochen, bis die Milch verkocht ist, und die Nudeln gelb geworden sind. Bei dem Anrichten giebt man eine Rahm-Sauce dazu.

86. Kartoffel-Spatzen.

Sieben Loth Schmalz wird recht leicht abgerührt; dann schlägt man vier Eier daran, thut ein und ein halbes Pfund geriebene Kartoffeln, ein halbes Pfund Mehl, Salz, und eine achtel Maas Rahm dazu. Nun legt man davon Spatzen mit einem Eßlöffel in siedendes Salzwasser, läßt sie eine viertel Stunde kochen, und bestreut die Speise beim Anrichten mit gerösteten Brod.

87. Kartoffel-Nocken.

Man rührt ein viertel Pfund Butter mit vier Eiern ab, giebt ein halbes Pfund geriebene Kartoffeln, sechs Eßlöffel voll saueren Rahm, nebst Salz und fein geschnittene Petersilie dazu, und rührt Alles gut untereinander. Hierauf beschmiert man eine Casserole dick mit Butter, thut die Masse hinein, und bäckt sie in einer Bratröhre. Nun sticht man mit einem Eßlöffel lauter Nocken heraus, legt sie in eine Schüssel, und gießt Jus oder gute Fleischbrühe darüber.

88. Dampfnudeln von Kartoffeln.

Man nimmt ein viertel Pfund Butter, rührt sie

leicht, und thut zwei Hände voll Mehl, vier Eier, zwei Eierdottern und einige Löffel voll sauren Rahm hinein, daß der Teig recht steif wird; dann rührt man ihn recht langsam und macht Dampfnudeln daraus, so groß als ein Hühnerei, und verfährt damit, wie bei den gewöhnlichen Dampfnudeln. Man giebt eine beliebige Sauce dazu, oder kann sie auch ohne Sauce auftragen.

89. Kartoffel-Kloß.

Ein viertel Pfund Butter wird recht schaumig gerührt, drei Eier mit etwas Salz, Maskatennuß, drei viertel Pfund geriebenen Kartoffeln und ein wenig Majoran nach und nach gerührt; hierauf in eine mit Butter bestrichene Serviette gefüllt, in Salzwasser gesotten, und mit einer Buttersauce zu Tische gegeben.

90. Kartoffel-Koch mit Schinken.

Man rührt ein viertel Pfund Butter recht schaumig ab, schlägt nach und nach sechs Eier gelb daran, und giebt ein Pfund geriebene Kartoffeln, zwei Eßlöffel voll feines Mehl, Salz, nebst dem zu Schnee geschlagenen Eierweiß hinzu; sollte der Teig zu fest sein, so gießt man ein wenig Rahm nach, bestreicht eine Form dick mit Butter, giebt die Hälfte der Masse hinein, und legt fein geschnittenen Schinken darauf, bedeckt diesen mit der übrigen Hälfte des Teigs, und läßt den Koch in einer ausgeheizten Röhre langsam backen.

91. Kartoffelkoch mit Gries.

Ein halbes Pfund feiner Gries wird mit 3 viertel Maas kalter Milch angerührt. Unterdessen wird vier Loth Butter mit sechs Eiern gerührt, ein Pfund geriebene Kartoffeln, sechs bis acht geschälte und klein geschnittene Aepfel, Salz, nebst dem angerührten Gries hinzu gethan, und Alles recht untereinander gemengt. Nun bestreicht man eine Form dick mit Butter, füllt die Masse darein, und läßt den Koch langsam backen.

92. Kartoffelkoch mit Reiß.

Ein halb Pfund Reiß wird rein gewaschen, mit siedendem Wasser angebrüht, und so lange stehen gelassen, bis das Wasser lau geworden ist, wo es dann abgegossen und der Reiß in einer Maas siedender Milch dick gekocht wird. Ist er erkaltet, so rührt man ein viertel Pfund Butter recht schaumig, und schlägt nach und nach 8 Eierdottern daran, giebt den Reiß nebst einem halben Pfunde geriebener Kartoffeln, sechs Loth gestoßenen Zucker, dann das Abgeriebene einer Zitrone, eine Hand voll rein gewaschene und abgetrocknete Weinbeeren dazu, und rührt es noch eine viertel Stunde. Das Weiße von den Eiern zu Schnee geschlagen, leicht darunter gerührt, die Masse in eine mit Butter bestrichene Form gefüllt, wird dieselbe in einer ausgeheizten Röhre langsam gebacken.

93. Kartoffelkoch mit Mark.

Es wird ein viertel Pfund Mark schön ausgewaschen, mit sechs Eiern, vier Loth Zucker, vier Loth gestoßenen Mandeln und Zimmt eine viertel Stunde gerührt. Hierauf thut man acht geriebene Kartoffeln, nebst dem zu Schnee geschlagenen Eierweiß dazu, und rührt es mit dem Uebrigen noch eine viertel Stunde. Nun bestreicht man eine Form mit Butter, bestreut sie mit geriebenen Semmeln, füllt die Masse hinein, und läßt sie backen.

94. Kartoffelkoch mit Aepfeln.

Zwölf Loth Butter werden mit 8 Eierdottern recht schaumig abgerührt, ein viertel Pfund fein gestoßener Zucker, ein halbes Pfund geriebene Kartoffeln, eine kleine Hand voll geriebene Semmeln, nebst einem Weinglas voll süßen Rahm dazu gethan, und dieß recht glatt abgerührt. Unterdessen werden 5 bis 6 Aepfel in ganz kleine Stückchen geschnitten, in etwas Butter und Wein halb weich gedämpft, und wenn sie erkaltet sind, mit dem zu Schnee geschlagenen Eierweiß unter die Masse leicht gemengt. Nun wird eine Form mit Butter bestrichen, mit geriebenen Semmeln bestreut, die Masse hinein gefüllt, und langsam gebacken.

95. Aufgezogenes Amulett mit Kartoffeln.

Drei Löffel voll Mehl rührt man in einem Topfe mit etwas Milch recht glatt ab, schlägt fünf Eier darein, und quirlt es mit einer halben Maas Milch und etwas Salz recht ab. Bestreicht hierauf eine Amulett-Pfanne mit Schmalz, gießt, wenn sie heiß ist, ein wenig von dem Teig hinein, und läßt es rings herum laufen; wenn es schön gelb gebacken ist, stürzt man es heraus, und macht es so fort, bis der Teig zu Ende ist. Nun schneidet man sie zu kleine Flecke, rührt eine Maas sauren Rahm mit sechs Eierdottern ab, giebt etwas Salz, klein geschnittenen Schnittlauch, die Eierflecke, nebst einige gesottene und in dünne Scheiben geschnittene Kartoffeln dazu, schlägt das Weiße zu Schnee, und rührt es darunter. Nun bestreicht man eine Randschüssel mit Butter, bestreut sie mit Parmesankäse, füllt die Masse hinein, und bäckt sie.

96. Kartoffel=Eier=Kuchen.

Ein halbes Pfund geriebene Kartoffeln, nebst ein viertel Pfund feines Mehl wird mit drei Eiern, Salz und ein wenig Rahm zusammen gerührt, doch darf die Masse nicht zu dünn werden. Nun wird dieselbe auf einem Brette, Finger dick ausgewalzt, in einer Pfanne Schmalz heiß gemacht, der Eierplatz hinein gelegt, und wenn er auf einer Seite schön hellbraun ist, wird er umgewandt, noch etwas Schmalz in die Pfanne gethan, und so gebacken.

97. Auf andere Art.

Acht Eier nebst zwei Eßlöffel gestoßener Zucker,

zwei Loth fein gestoßene Mandeln, Zimmt und geriebene Zitronenschalen werden zusammen gut gerührt, gesottene, und wenn sie erkaltet, geriebene Kartoffel dazu gethan, und dieser Teig wie die gewöhnlichen Eierkuchen auf beiden Seiten gebacken, und mit einer Milchsauce zu Tisch gegeben.

98. Auf andere Art.

Man schält und reibt eine beliebige Menge rohe Kartoffeln auf dem Reibeisen, thut einige Eier, etwas Nelken, Pfeffer, Muskatennuß und geriebene Aepfel dazu. Nun wird in einer Pfanne Schmalz heiß gemacht, gießt diese dünne flüssige Masse, nachdem sie gut verrührt ist, darein, drückt sie so dünn als möglich auseinander, und bäckt sie auf beiden Seiten schön gelb.

99. Kartoffel=Auflauf.

Acht Kartoffeln werden gesotten, abgeschält, und sind sie erkaltet, gerieben. Dann rührt man vier Loth Butter recht schaumig, und schlägt sechs Eierdottern daran, giebt eine Hand voll geriebene Semmeln, einen Eßlöffel voll gestoßenen Zucker, nebst einer Kaffetasse voll süßen Rahm und das Abgeriebene einer halben Zitrone dazu. Zuletzt wird das Weiße von den Eiern zu Schnee geschlagen, leicht darunter gerührt, die Masse in eine, mit Butter bestrichene und geriebenen Semmeln bestreute Form gefüllt, und im Backofen oder zwischen Kohlfeuer gebacken.

100. Kartoffel=Auflauf mit Parmesankäse.

Man nimmt acht große Kartoffeln, kocht sie nicht zu weich, läßt sie völlig erkalten, und reibt sie auf einem Reibeisen. Nun rührt man ein viertel Pfund Butter recht leicht, schlägt acht Eiergelbe daran, und giebt einen großen Rührlöffel voll Mehl, Salz, und eine viertel Maas süßen Rahm dazu. Hierauf werden vier Loth

Parmesankäs gerieben, und mit der Masse recht gerührt. Das Weiße von den Eiern wird zu Schnee geschlagen, und vor dem Einfüllen leicht darunter gemengt. Hierauf bestreicht man eine Form mit Butter, bestreut sie mit geriebenen Semmeln, füllt die Masse hinein, und bäckt sie bei gelinder Hitze.

101. Kartoffel-Auflauf mit Häring.

Man rührt ein halbes Pfund Butter recht leicht ab, schlägt das Gelbe von acht Eiern daran, reibt von gekochten und wieder erkalteten Kartoffeln zwölf Loth auf dem Reibeisen, und rührt sie nebst einem Kochlöffel voll Mehl, Salz und etwas Muskatennuß an die Butter, schlägt das Weiße von den Eiern zu Schnee und mengt es leicht darein. Nun wird ein Randblech stark mit Butter bestrichen, von gesottenen Kartoffeln dünne Scheiben geschnitten, und der Boden des Blechs ganz dünn damit belegt. Ein großer oder zwei kleine, gewässerte, und von den Gräten gereinigte Häringe werden in Würfel geschnitten, und mit zwei Eßlöffeln voll saueren Rahm angerührt, auf die Kartoffeln gestrichen, die gerührte Masse darauf gethan, und mit Kohlen aufgezogen oder im Backofen gebacken.

102. Süßer Kartoffel-Auflauf.

Einige große Kartoffeln werden roh geschält, dann im Wasser gesotten, bis man sie zerdrücken kann; nun wird das Wasser abgegossen, die Kartoffeln gut zerdrückt, und so viel siedende Milch daran gerührt, bis der Löffel stecken bleibt; hernach läßt man diese Masse erkalten. Alsdann rührt man sechs Loth Butter recht schaumig ab, thut einen Löffel voll feines Mehl, einen Löffel von der gekochten Masse und ein Eidotter daran, und fährt so fort, bis der Brei zu Ende ist. Nun wird das Weiße von den Eiern zu Schnee geschlagen, und nebst einem viertel Pfund fein gestoßenen Zucker, etwas Zimmt und abgeriebenen Zitronenschalen darein gerührt, dann in eine mit Butter bestrichenen Form gefüllt und wie gewöhnlich aufgezogen.

103. Kartoffel-Auflauf mit Mandeln.

Zwölf Loth Butter werden ganz zu Schaum gerührt, nach und nach zwölf Eier daran geschlagen und ein viertel Pfund fein geriebener Zucker, drei Loth süße und eben so viel bittere Mandeln, nebst abgeriebener Zitronenschale dazu gethan. Nachdem man nun die Masse noch eine halbe Stunde gerührt hat, mengt man drei viertel Pfund geriebene Kartoffeln darunter, vermischt zuletzt noch den geschlagenen Eiweißschnee mit der Masse, und bäckt den Auflauf wie vorhin beschrieben.

104. Auflauf von Kartoffelmehl.

Acht Loth getrocknetes Kartoffelmehl wird mit etwas Milch angerührt, zehn Eigelbe nebst vier Loth gestoßenen Mandeln, ein viertel Pfund Zucker und das Abgeriebene einer Zitrone hinzu gefügt, und diese Masse in einer halben Maas, mit Vanille oder Zimmt abgekochten Milch gequirlt. Nun läßt man es zusammen nochmals aufkochen. Nachdem man es vom Feuer genommen hat, läßt man ein viertel Pfund Butter zerfließen, und fügt es, nebst dem geschlagenen Eierschaum der Masse bei, füllt dieß in eine mit Butter bestrichene Form, und läßt es bei gelinder Hitze backen.

105. Roletten von Kartoffeln.

Man kocht sechs mehlige Kartoffeln, schält solche und reibt sie, nachdem sie erkaltet sind, auf einem Reibeisen. Nun rührt man vier Loth Butter mit drei Eiern ab, giebt die geriebenen Kartoffeln, nebst etwas Salz dazu, formirt aus der Masse länglichte Roletten, taucht jedes in verrührte Eier ein, bestreut sie mit geriebenen Semmeln, und bäckt sie in heißem Schmalze schön lichtbraun.

106. Kartoffel-Scheibchen.

Große, nicht ganz weich gekochte und abgeschälte Kartoffeln schneidet man, nachdem sie erkaltet sind, in dünne Scheiben. Dann rührt man einige Löffel voll feines Mehl mit drei Eiern, etwas Salz und Milch an, wobei der Teig nicht zu flüssig werden darf, taucht die Kartoffelscheibchen hinein, und bäckt sie in heißem Schmalze unter währendem Schütteln schön hellbraun, bestreut sie mit Zucker und Zimmt, und giebt sie noch warm zu Tisch.

107. Gefülltes Kartoffelgebäck.

Man kocht ungefähr acht bis zehn Kartoffeln, schält sie, und nachdem sie erkaltet sind, reibt man sie auf dem Reibeisen. Dann rührt man vier Loth Butter mit drei Eiern, geriebenen Semmeln, Salz, Muskatennuß, nebst etwas Rahm ab, macht aus dieser Masse, welche fest sein muß, Klöße, und drückt diese in der Hand mit Mehl fest und breit. Nun hackt man einige Sardellen und Zitronenschalen klein, macht in der Mitte der Klöße eine Vertiefung, füllt die Sardellen hinein, drückt die Oeffnung wieder zu, wälzt sie in zerquirlten Eiern und geriebenen Semmeln um, und bäckt sie in heißem Schmalze.

108. Kartoffel-Pudding.

Sechs Eierdottern werden mit einer achtel Maas süßen Rahm recht gequirlt; dann läßt man ein viertel Pfund Butter zerfließen, und giebt nebst einem Löffel voll Zucker, das Abgeriebene einer Zitrone, eine Hand voll geriebene Semmeln und ein Pfund geriebene Kartoffeln dazu, rührt dieß Alles noch recht ab, und vermischt zuletzt den geschlagenen Eier-Schnee mit der Masse. Nun legt man eine Serviette in frisches Wasser, drückt sie sodann wieder fest aus, füllt die Masse hinein, bindet sie zu, und läßt den Pudding in kochendem Wasser eine halbe Stunde sieden. Man giebt nach Belieben eine Hagebutten-, Weichsel- oder Weinsauce dazu.

109. Kartoffel-Pudding mit Schinken.

Man rührt zehn Loth Butter oder Schmalz recht schaumig ab, schlägt nach und nach acht Eier darein, giebt ein Pfund geriebene Kartoffeln, eine Hand voll geriebene Semmeln, in ganz kleine Würfeln geschnittenen Schinken, nebst ein wenig Mehl und Salz dazu, legt die Masse in eine, mit Butter bestrichene Serviette, und bringt sie in siedendes Salzwasser. Nachdem der Pudding eine Stunde gesotten hat, legt man ihn auf eine Schüssel, macht rings herum Einschnitte, streut geriebenen Parmesankäse darauf, und übergießt ihn mit heißer Butter.

110. Kartoffel-Pudding mit Kalbfleisch.

Ein viertel Pfund gebratenes Kalbfleisch und halb so viel Speck hackt man mit Schalotten und Petersilie recht fein. Dann wird ein halbes Pfund kalt geriebene Kartoffeln, Salz, nebst Muskatenblüthe hinzugethan. Dieß Alles wird recht untereinander gerührt, das Weiße der Eier zu Schnee geschlagen und leicht unter die Masse gemengt, welche man in eine mit Butter beschmierte Serviette füllt, und solche fest zubindet, worauf man Alles zusammen drei viertel Stunden in siedendem Wasser kochen läßt. Man kann dazu eine Butter- oder Sardellen-Sauce geben.

111. Geschmälzter Kartoffel-Pudding.

Man rührt ein Viertel Pfund Butter recht schaumig, weicht zwei Milchbrode, denen man zuvor die Rinde abgerieben hat, in Milch ein, und thut solche, nachdem sie wieder fest ausgedrückt wurden, darein. Hierauf rührt man ein Pfund geriebene Kartoffeln löffelvollweise daran, thut zu jedem Löffel voll Kartoffeln ein Eigelbes, und fährt so fort, bis acht Eierdottern hinein gerührt

sind; hierauf schlägt man das Weiße von den Eiern zu
Schnee, und mengt es zuletzt mit etwas Salz und Muskatennuß unter die Masse. Nun wird solche in eine mit
Butter bestrichene Serviette gefüllt, zwei Finger hoch leer
gelassen und fest zugebunden. Hierauf siedet man den
Pudding eine Stunde im Salzwasser, stürzt ihn sodann auf eine Platte, und schmälzt ihn mit in Butter
gerösteten, klein geschnitttenen Zwiebeln.

112. Kartoffel=Pudding mit Mandeln.

Auf ein Pfund Kartoffeln, die den Tag vorher gekocht, und nachdem sie erkaltet sind, gerieben wurden,
rechnet man neun Eier, von denen man das Weiße zu
Schnee schlägt, ein viertel Pfund fein gestoßenen Zucker,
vier Loth süße Mandeln, drei Löffel voll Rahm, etwas Zimmt
und das Abgeriebene von einer Zitrone. Dieß Alles
rührt man eine halbe Stunde, fügt den Eierschnee hinzu, und läßt die Masse in einer mit Butter bestrichenen,
und mit gestoßenem Zwieback bestreuten Form eine Stunde
lang backen. Man giebt eine Wein = oder Kirschsauce
dazu.

113. Kartoffel=Pudding mit Vanille.

Man lasse eine halbe Maas Rahm mit einem halben Pfund Butter aufkochen, rühre ein viertel Pfund
feines Mehl dazu, und trockne die Masse über dem
Feuer ab, bis sie sich von der Pfanne löst. Nun schlägt
man nach und nach zwölf Eier daran, rührt sie mit einem viertel Pfunde fein gestoßenen Zucker, vier Loth süßen,
und eben so viel bitteren Mandeln, nebst dem Abgeriebenen von einer Zitronenschale, einer halben Stange zerstoßener Vanille, einem halben Pfunde geriebener Kartoffeln, und dem zu Schnee geschlagenen Eierweiß von acht
Eiern zur Masse. Nachdem Alles tüchtig durchgerührt ist, wird es in einer Form gebacken, und als
trockne Mehlspeise, oder mit folgender Sauce servirt:
Man rührt nämlich ein viertel Pfund geschälte und fein

gestoßene Mandeln mit vier Loth Butter, drei Loth Zucker, etwas zerstoßener Vanille, nebst zwei Rührlöffeln feines Mehl und zwei Trinkgläsern süßen Rahm recht untereinander, läßt dieses einige Minuten lang unter beständigem Rühren kochen, zerquirlt vier Eidottern, und vermengt sie mit der Sauce.

114. Kartoffel-Pudding mit Zitronen.

Man klopft neun Eidottern stark ab, giebt ein halbes Pfund fein gesiebten Zucker und das Abgeriebene von zwei Zitronen dazu. Ferner auch noch den Saft von Einer Zitrone und ein Pfund geriebene Kartoffeln. Dann rührt man diese Masse eine halbe Stunde, und mengt zuletzt den geschlagenen Eierschnee dazu. Hierauf schmiert man die Form mit Butter, bestreut sie mit geriebenen Semmeln, füllt die Masse hinein, und läßt sie langsam backen. Man giebt sie entweder als trockene Mehlspeise, oder mit folgender Sauce zu Tisch: Man nimmt eine halbe Maas Wein, eine viertel Maas Wasser, das Abgeriebene und den Saft von einer Zitrone, nebst Zucker und Zimmt, setzt solches über das Feuer bis es anfängt zu sieden, quirlt dann vier Eidottern stark ab, und vermengt sie mit dem Uebrigen.

115. Kartoffel-Krem.

Man zerrühre vier Loth gesottene und geschälte Kartoffeln mit einer halben Maas süßen Rahm, nebst zwei Loth gestoßenen Zucker, etwas auf Zucker abgeriebene Zitronenschale und vier Eidottern gut durcheinander, setze dieß so dann aufs Kohlenfeuer, und quirle es so lange, bis es dick wird. Alsdann wird es in eine zum Auftragen bestimmte Schale gethan, mit fein gestoßenem Zucker, klein geschnittenen Mandeln und Zitronat bestreut, und sogleich zu Tisch gegeben.

116. Aufgezogene Kartoffel-Würstchen.

Man rührt ein viertel Pfund Butter leicht; thut

zwei Teller voll geriebene Kartoffeln, fünf Eier, vier Loth
gestoßenen Zucker und etwas abgeriebene Zitronenschale
dazu, vermengt es gut, macht von dieser Masse kleine
Würstchen, bestreicht sie mit verrührten Eiern, bestreut sie
mit geriebenen Semmeln, und legt solche hernach in ein
mit Butter bestrichenes Randblech. Hierauf verrührt
man vier Eier mit einer halben Maas guter Milch und
etwas Zucker, gießt dieß über die Würstchen, und läßt
sie aufziehen.

Kartoffel = Backwerk.

117. Kartoffel = Brod.

Man nimmt schönes, ausgetrocknetes Mehl nach Be=
lieben, je nachdem man viel oder wenig Brod backen
will, stellt es in einem Gefäße an einen warmen Ort,
bevor man den Teig anmachen will. Nun macht man
in die Mitte des Mehls eine Vertiefung, gießt ungefähr
eine viertel Maas lauwarme Milch hinein, und rührt
mit guter, dicker Hefe einen dünnen Teig an, und stellt
ihn zugedeckt an einen warmen Ort, bis er hinläng=
lich aufgegangen ist. Jetzt nimmt man von den am
Abend zuvor gekochten und geriebenen Kartoffeln un=
gefähr so viel, daß sie den vierten Theil des zur ganzen
Masse verwendeten Mehls bilden, und thut dieselben nebst
Salz, Kümmel und zerlassenem Schmalz zu dem ange=
machten Teig. Dieß Alles wird nun mit so viel lau=
warmer Milch untereinander gemengt, bis der Teig die
gehörige Dicke hat, und sich nicht mehr naß anfühlt.
Nun klopft man den Teig so lange, bis er sich vom
Löffel ablößt, legt ihn sodann auf ein mit Mehl bestreu=
tes Backbret, wirkt ihn aus, und macht nach Belieben
lange oder runde Formen daraus. Alsdann werden solche
auf ein mit Mehl bestreutes Bret gelegt, wo man sie
gehörig aufgehen läßt. Vor dem Einsetzen in den
Backofen bestreicht man sie mit warmen Wasser, und
läßt sie backen. Nachdem sie fertig sind, bestreicht man

die Brode mit kaltem Wasser, und setzt sie noch einige Minuten lang in den Backofen, damit die Oberrinde recht glänzend wird.

118. Kartoffel=Kuchen.

Nachdem man Kartoffeln im Wasser gekocht und geschält hat, verrührt man sie mit einem Stück Butter. Hierauf gießt man etwas Milch hinzu, so wie zwei Eßlöffel voll Zucker, nebst geriebener Zitronenschale, und läßt es ein wenig kochen. Nachdem es wieder erkaltet ist, quirlt man vier Eierdottern mit etwas Milch ab, rührt sie unter die Masse, schlägt das Weiße von den Eiern zu einem steifen Schnee, und mengt ihn leicht darunter.

119. Gefüllter Kartoffelkuchen.

Man nehme ein Pfund feines Mehl, bringe dieses in eine Schüssel, mache mit der Hand eine Vertiefung hinein, gebe zwei Eßlöffel voll dicke Hefe, nebst eine achtel Maas lauwarme Milch hinzu, und rühre von der Mitte der Schüssel aus, so viel von dem Mehl hinein, daß es einem dicken Brei gleich kommt, und stelle den Teig an einen warmen Ort, bis er aufgegangen ist. Unterdessen rührt man ein halbes Pfund Butter oder Schmalz mit vier Eiern ab, und wenn der Hefenteig hinlänglich gegangen ist, vermengt man ihn mit dem abgerührten Schmalz, nebst einem halben Pfund geriebener Kartoffeln, salzt ihn gehörig, und klopft ihn so lange, bis er sich vom Kochlöffel löst. Nun bestreicht man ein Randblech mit Butter und geriebenen Semmeln, walzt den Teig, von dem man etwas zurück behält, auf einem Backbret fingerdick aus, jedoch so, daß er in der Mitte etwas dicker ist, legt ihn in das Randblech, und macht folgende Fülle: Sechs Loth Rosinen und eben so viel Weinbeere werden mit etwas Zimmt, klein geschnittenen Zitronen = und Pomeranzenschalen in Wein abgekocht. Nachdem sie erkaltet sind, wird drei Finger breit der Teig am Rande damit belegt; in die Mitte darf aber keine Fülle kommen. Nun wird mit einem eben so breiten Streifen' von dem übrigen Teig die Fülle damit bedeckt, mit Eiern bestrichen, mit klein gehackten Mandeln und gestoßenen Kandiszucker bestreut, und der Kuchen an einen warmen Ort gestellt, bis er recht aufgegangen ist, und sodann gebacken.

120. Auf andere Art.

Sechs hartgesottenes Eiergelb wird mit vier Loth Zucker und etwas Zimmt gestoßen. Hierauf zerdrückt man sechs bis acht gesottene und geschälte Kartoffeln, und verrührt sie mit heißer Butter bis sie locker werden. Nun thut man die mit Zucker zerstoßenen Eier, etwas Rahm, ein paar Löffel feines Mehl, gewaschene und getrocknete Weinbeere nach Belieben dazu, mengt den geschlagenen Eierschnee leicht darunter, füllt die Masse in eine Form, und läßt den Kuchen, nachdem er zuvor mit einem Ei bestrichen wurde, langsam backen.

121. Auf andere Art.

Man vermischt gekochte und geriebene Kartoffeln mit etwas Hefen, Salz und so viel Mehl, als erstere annehmen, und setzt diesen Teig an einen warmen Ort. Nachdem er hinlänglich aufgegangen ist, läßt man ein Stück Butter oder Schmalz zergehen. Ist Letzteres abgekühlt, so fügt man es nebst zwei Eiern der Masse bei, klopft solche recht ab, und läßt sie nochmals aufgehen. Hierauf walzt man den Teig nicht zu dünn aus, legt ihn auf ein Kuchenblech, bestreicht ihn mit Eiern, streut klein gehackte Mandeln darauf, und bäckt den Kuchen in einer gut ausgeheizten Röhre.

122. Königs = Kuchen.

Ein Pfund geriebene Kartoffeln werden mit zwölf

Eidottern, zwölf Loth Zucker, einem Viertel Pfund gestoßener Mandeln und zwei abgeriebenen Zitronen-Schalen sammt dem reichlichen Saft von einer Zitrone eine viertel Stunde gerührt, das Weiße von den Eiern zu Schnee geschlagen und unter die Masse leicht gemischt. Hierauf wird Alles in eine Form gefüllt und langsam gebacken.

123. Kartoffelkuchen von gekochter Masse.

Man läßt zwölf gelbe Kartoffeln in der Asche backen, legt sie in eine Casserole, und läßt sie unter beständigem Umrühren mit einem Stück Butter und etwas Rahm ein wenig aufkochen. Wenn die Masse abgekühlt ist, treibt man sie durch einen Durchschlag, quirlt acht Eierdottern mit vier Loth Zucker, etwas abgeriebenen Zitronen- und klein geschnittenen Pomeranzenschalen, vermengt sie mit den durchgetriebenen Kartoffeln, füllt Alles in eine Form, und bäckt den Kuchen bei gelinder Hitze.

124. Napfkuchen.

Man rührt ein halbes Pfund Butter schaumig, schlägt nach und nach acht Eidottern hinein, gießt zwei Tassen voll lauwarme Milch dazu, und rührt nach und nach ein halbes Pfund feines Weizenmehl und eben so viel Kartoffelmehl, ein viertel Pfund Zucker, die abgeriebene Schale einer Zitrone, gestoßene Mußkatenblüthe und einige Löffel voll dicke Hefe darunter. Auch kann man vier Loth süße und zwei Loth bittere Mandeln hinzu fügen. Ist Alles zusammen recht gut durchgerührt, so vermengt man das zu Schnee geschlagene Eierweiß mit dem Teige, läßt ihn in einer mit Butter bestrichenen Form aufgehen, und bäckt den Kuchen in einem nicht zu heißen Ofen. Die Napfkuchenformen dürfen höchstens nur zwei Drittel mit dem Teige angefüllt werden, damit selbiger Raum genug zum Aufgehen hat.

125. Eisenkuchen oder Hohlhippen.

Auf acht Eier nimmt man acht Löffel voll Milch, acht Löffel zerlassene Butter, acht Löffel Kartoffelmehl, eben so viel Zucker, nebst etwas gestoßene Muskatenblüthe, und rührt Alles gut durcheinander. Nun macht man das Hippeneisen auf beiden Seiten heiß, bestreicht es mit Speck oder Butter, gießt einen Löffel von dem Teige darauf und bäckt ihn bei gelindem Feuer. Man wickelt die Kuchen, wenn sie aus dem Eisen kommen, um ein rundes Holz, welches, wenn sie erkaltet sind, heraus gezogen wird.

126. Kartoffel-Torteletts.

Man rühre ein halbes Pfund Butter ganz zu Schaum, schlage zehn Eierdottern darein, gebe ein halbes Pfund Zucker, abgeriebene Zitronenschale, Zimmt und fünf viertel Pfund geriebene Kartoffeln dazu. Nachdem man dieß eine halbe Stunde gerührt hat, wird der recht steif geschlagene Eierschnee leicht darunter gemengt. Nun bestreicht man die Toreletteformen mit Butter, und bestreut sie mit geriebener Semmel, füllt die Masse darein, glacirt sie mit Eiweißschnee und Zucker, und bäckt sie in einem nicht zu heißen Ofen.

127. Biscuit-Torte von Kartoffelmehl.

Zehn Eierdottern schlägt man mit einem halben Pfund gestoßenen und gesiebten Zucker drei viertel Stunden immer auf einer Seite ab, giebt das Abgeriebene von einer Zitrone, so wie auch zehn Loth feingesiebtes Kartoffelmehl dazu, und mischt zuletzt den Eierschnee leicht unter die Masse. Hernach füllt man sie in eine mit Butter bestrichene und den Rand mit Papier ausgelegten Tortenform, und läßt sie eine Stunde bei schwacher Hitze backen.

128. Kartoffel-Strauben.

Man macht einen Brandteig von einer halben Maas

Milch und eben so viel Wasser, giebt es zusammen, nebst einem Stück Butter wie ein Ei groß in eine Pfanne, salzt es ein wenig, siedet es gut auf, und giebt so viel Kartoffelmehl dazu, daß es ein fester Teig wird. Diesen trocknet man über dem Feuer ab, bis er sich von der Pfanne ablößt, thut ihn dann in eine Schüssel, legt indessen acht bis neun Eier in warmes Wasser, schlägt eines nach dem andern darein, und verrührt sie gut mit der Masse. Sollte der Teig noch zu dick sein, so werden noch einige Eier daran gerührt. Dann taucht man die Straubenbüchse in das heißgemachte Schmalz ein, füllt sie mit dem Teige an, und drückt denselben mit dem dazu bestimmten Stämpfel durch, fährt so in der Pfanne in der Runde herum, schüttelt es beständig, und bäckt es ganz langsam in dem Schmalze. Ist es auf einer Seite braun, so wendet man es um, und bäckt es auf der andern Seite, bestreut es mit Zucker, und giebt es warm zu Tisch.

129. Waffeln.

Einen Schoppen dicken Rahm schlägt man zu einem steifen Schnee, rührt nach und nach sechs Eierdottern und drei Hände voll Kartoffelmehl, nebst vier Loth Butter, welche zuvor zerlassen und wieder abgekühlt sein muß, darein. Hierauf schlägt man das Weiße von vier Eiern zu Schnee, und rührt ihn nebst dem gehörigen Salz dazu. Nun läßt man das Waffeleisen heiß werden, bestreicht es mit einer Speckschwarte oder Schmalz, legt dazwischen ein Papier, und erhitzt das Eisen aufs Neue; nachher nimmt man das Papier heraus, thut einem Löffel voll Teig zwischen das Eisen, und läßt die Waffeln über dem Feuer auf beiden Seiten backen. Wenn eine Waffel gebacken ist, muß das Eisen mit der Speckschwarte wieder bestrichen werden, und wenn sie alle fertig sind, so werden sie mit Zucker und Zimmt bestreut.

130. Kartoffel-Küchlein.

Zwölf große, gekochte Kartoffeln werden geschält, und

wenn sie erkaltet sind, gerieben. Nun rührt man sechs Eierdottern, vier Loth Zucker, Zimmt und Weinbeere dazu, mengt den Eierschnee leicht darunter, legt von der Masse mit einem Löffel kleine Küchlein in heißes Schmalz, und bäckt sie unter beständigen Schütteln. Nachdem sie all. gebacken sind, werden sie mit Zucker nnd Zimmt bestreut

131. Kartoffel=Plätzchen.

Man rührt vier Loth Butter zu Schaum, giebt nach und nach drei Eier, zehn Loth gestoßenen Zucker, die abgeriebene Schale einer Zitrone und ein halbes Pfund Kartoffelmehl hinein, setzt von dieser Masse weitläufig auf ein Blech kleine Plätzchen, und bäckt sie bei mäßiger Hitze.

132. Kartoffel=Biscuit.

Sieben Eierdottern werden mit zwölf Loth fein gesiebten Zucker, sechs Loth süßen und zwei Loth bitteren, gestoßenen Mandeln, nebst der geriebenen Schale einer Zitronen und einem halben Pfund geriebner Kartoffen eine halbe Stunde gerührt, das Weiße von vier Eiern zu Schnee geschlagen, leiht unter die Masse gemengt und in Biscuitformen gebacken.

133. Kartoffel=Torte.

Acht Eierdottern werden mit zwölf Loth fein gestoßenem Zucker eine halbe Stunde gerührt, drei Loth geschälte bittere Mandeln fein gestoßen, und das Abgeriebene von einer Zitronenschale, nebst einem halben Pfund geriebner Kartoffeln hinzu gethan. Dieses Alles wird zusammen noch recht gerührt, und zuletzt das Weiße von den Eiern zu Schnee geschlagen, leicht unter die Masse gemengt, Und in einer mit Butter bestrichenen und geriebnen Semmeln bestreuten Form gebacken.

134. Braune Kartoffel=Torte.

Ein halbes Pfund fein gestoßener Zucker wird mit

neun Eierdottern eine halbe Stunde gerührt. Dann werden vier Loth ungeschälte, bittere Mandeln auf einem Reibeisen gerieben, und zwei Loth klein geschnittener Zitronat und eben so viel Pomeranzenschale, das Abgeriebene einer Zitrone, ein Quint gestoßener Zimmt, ein Quint Nelken, nebst drei viertel Pfund geriebene Kartoffeln dazu gethan. Dieses Alles wird noch eine viertel Stunde gerührt, nud zuletzt der Eierschnee damit vermengt, in eine Tortenform gefüllt, und langsam gebacken.

135. Kartoffel-Torte mit Zitronenmark.

Man rühre ein halbes Pfund Butter recht schaumig ab, schlage acht Eierdottern daran, und rühre es eine halbe Stunde mit einem viertel Pfund Zucker, einem halben Pfund geriebener Kartoffeln, nebst abgeriebener Zitronenschale. Sodann schneidet man das Mark von einer Zitrone in Würfeln und versüßt es mit Zucker, mengt es, nebst den von vier Eierweiß geschlagenen Schnee, leicht unter die Masse, füllt sie in eine Form, und bäckt sie bei gelinder Hitze.

136. Kartoffel-Torte mit Guß.

Man kocht mehlige Kartoffeln in gesalzenen Wasser ab, zieht warm die Schale herunter, läßt sie über Nacht stehen, und reibt sie auf einem Reibeisen. Nun rührt man ein halbes Pfund Butter zu Schaum, thut das Gelbe von zehn Eiern, eine abgeriebene Zitronenschale, Zimmt, zwei Loth geriebene, bittere Mandeln, ein halbes Pfund Kartoffelmehl und den Schnee von vier Eierweiß dazu. Hierauf walzt man einen mürben Butterteig recht dünn aus, und belegt damit eine Form, von der man den Rand abnehmen kann; doch muß der Butterteig zwei Finger hoch an den Rand herauf gehen. Sodann füllt man die Masse hinein, und läßt sie langsam backen. Wenn die Torte etwas abgekühlt ist, nimmt man den Rand ab, und macht folgenden Guß darüber.

Man rühre ein viertel Pfund fein gesiebten Zucker mit dem Weißen von einem Ei, bis es ganz dick ist, drücke den Saft einer halben Zitrone dazu, bestreiche die Torte damit, und laße sie in einen warmen Ofen trocknen.

Anmerkung.

Bei allen Kartoffeltorten muß darauf gesehen werden, daß sie in keine kupferne Formen gefüllt werden, sonst gehen erstere nicht auf, bleiben sitzen und kleben sich sehr leicht an.

II. Abtheilung.

Obst-Kochbuch.

Suppen.

1. Aepfel-Suppe.

Man nimmt vier bis sechs Borsdorfer- oder Backäpfel, schält und schneidet diese in Viertel, thut das Kernhaus hinweg, und läßt sie mit etwas Wasser und ein paar Zitronenscheiben weich kochen. Hierauf treibt man sie durch einen Durchschlag, thut Zucker, Zimmt, klein geschnittene Zitronenschalen nebst Wein dazu, und quirlt, nachdem es zusammen aufgekocht hat, die Suppe mit ein paar Eierdottern ab. Man richtet dieselbe über gewürfeltes, in Schmalz geröstetes Brod an.

2. Birn-Suppe.

Wird ganz auf die eben beschriebene Art zubereitet.

3. Weichselsuppe.

Man stößt frische oder gedörrte Weichseln sammt den Kernen in einem Mörser, thut das Gestoßene in einen Tiegel, und läßt es mit der Hälfte Wasser und Wein wohl kochen. Alsdann treibt man dieses durch einen Durchschlag, stellt es wieder zum Feuer, und läßt es nebst Zucker, klein geschnittenen Zitronenschalen, Zimmt und einigen Gewürznelken noch ein wenig kochen. Währendem stößt oder reibt man ein viertel Pfund abgezogene Mandeln, vermengt sie mit einer Hand voll geriebener Semmeln, thut drei Loth gestoßenen Zucker, Zimmt und drei Eier daran, und rührt es recht untereinander. Nun wird Schmalz in einer Pfanne heiß gemacht, von der Masse Klößlein eingelegt, und langsam gebacken. Hierauf läßt man sie in der Weichselsuppe aufkochen.

4. Zwetschgen- oder Pflaumensuppe.

Man nimmt fünfzig frische oder gedörrte Pflaumen, löst die Kerne heraus, und kocht sie mit einer halben Maas Wasser und eben so viel Wein weich. Dann treibt man sie durch ein Haarsieb, läßt das Durchgetriebene mit Zucker, Zimmt, und klein geschnittenen Zitronenschalen wieder etwas aufkochen, und richtet sie über gebähtes Brod oder Zwieback an.

5. Hagebuttensuppe.

Zwei Hände voll frische oder getrocknete Hagebutten werden mit einer halben Maas Wasser recht weich gekocht. Dann treibt man sie mit eben so viel Wein durch einen Durchschlag, thut Zucker, Zimmt, nebst klein geschnittenen Zitronenschalen dazu, und läßt sie noch eine viertel Stunde kochen. Unterdessen rührt man ein viertel Pfund Butter mit vier Eierdottern recht stark ab, thut Zucker, der zuvor auf einer Zitrone gerieben wird, nebst einer Hand voll feines Mehl daran, rührt dieses wohl zusammen, und mengt zuletzt den geschlagenen Eierschnee darunter. Nun bestreicht man kleine Tortenforme mit Butter, füllt die Mässe hinein, und läßt sie backen. Sind sie etwas abgekühlt, so richtet man die gekochten Hagebutten darüber an. Solches kann jedoch auch blos über gebähtes Brod oder Zwieback geschehen.

6. Suppe von Johannisbeeren.

Man setzt die Hälfte Johannisbeere und die Hälfte Himbeere mit etwas Wasser an das Feuer, und läßt sie eine Weile kochen. Nun treibt man solche durch ein Haarsieb, thut Wein, Zucker, Zimmt, klein geschnittene Zitronenschale, nebst einem Löffel voll mit Wasser abgerührten Kartoffelmehl dazu, wie auch etwas abgebeerte Johannisbeere, läßt dieß Alles noch einmal aufkochen, und richtet sie über Mandelschnitten, Biscuit, oder Zwieback an.

7. Quitten-Suppe.

Man schält und schneidet die Quitten in Scheiben, und kocht sie in halb Wein und Wasser weich. Dann treibt man sie durch einen Durchschlag, gießt noch ein Glas Wein, Zucker, ein Stückchen Butter, nebst gestoßenen Zimmt dazu, und läßt sie noch eine Zeit lang kochen, rührt sie dann mit einigen Eierdottern ab, und richtet dieß über gewürfeltes Brod oder Zwieback an.

8. Aprikosen-Suppe.

Man schneidet die Aprikosen auf, zerschlägt die Steine, und läßt die Kerne mit der Frucht im Wasser kochen. Hierauf treibt man die Masse durch ein Haarsieb, gießt Wein, nebst Zucker, Zimmt und einen Löffel voll mit Wasser abgerührtes Kartoffelmehl hinzu, läßt es noch etwas aufkochen, und richtet es über gebähtes Brod oder Zuckerbräthlein an.

9. Suppe von Prünellen.

Es wird fein gestoßener Zwieback mit eben so viel Wein als Wasser gekocht. Alsdann giebt man gekochte und in schmale Streifen geschnittene Prünellen nebst Zucker daran, und rührt die Suppe mit einigen Eierdottern ab.

10. Suppe von Kirschen.

Man läßt zwei Loth Sago mit Wasser eine Stunde kochen. Währendem löst man aus einem halben Pfund Kirschen die Steine heraus, welche, nachdem sie zerstoßen sind, mit einigen Zitronenscheiben, Zucker und etwas Wein eine viertel Stunde gekocht werden. Hierauf treibt man sie durch ein Haarsieb, und läßt sie mit dem Sago noch eine halbe Stunde kochen.

11. Suppe von Stachelbeeren.

Die von Blättern und Stengeln befreiten Stachelbeere werden in einen Topf gethan, und nur zwei Drittel desselben mit Wasser gefüllt, da die Beere viel Saft haben und daher Brühe genug geben. Sind sie weich gekocht, so gießt man Wein hinzu, versüßt sie gehörig mit Zucker, rührt einige Löffel voll Kartoffelmehl darunter, und bestreut sie beim Anrichten mit Zucker und Zimmt. Hierbei, so wie bei den andern Speisen kann in Ermangelung des Kartoffelmehls auch gewöhnliches, feines Mehl genommen werden.

Fleischspeisen und Geflügel.

12. Rindfleisch mit Aepfeln.

Man schneidet ein Stück gekochtes Rindfleisch und einige geschälte Aepfel klein, thut Beides, nebst etwas Butter und Rosinen, die aber zuvor im Wasser aufgekocht wurden, mit etwas Zucker in eine Casserole, und gießt einen halben Schoppen Wein dazu; setzt es auf ein gelindes Feuer, und läßt es so lange dämpfen, bis die Aepfel weich sind.

13. Rindfleisch mit Quitten.

Man kocht das Rindfleisch wie gewöhnlich. Hierauf schält man einige Quitten, schneidet sie in Stücke und kocht sie im Wasser weich; dann wird das Wasser abgegossen und die Quitten durch einen Durchschlag getrieben; nun gießt man einen Schoppen Wein und etwas Wasser hinzu, iebt ein Stückchen Butter, klein geschnittene Zitronenschale und Zucker bei, rührt Alles auf dem Feuer, bis es kocht, zieht es mit vier Eierdottern ab und gießt es über das Fleisch.

14. Rindszunge mit Aepfeln.

Die Zunge wird weich gekocht und so lange sie noch warm ist, die Haut davon abgezogen. Dann schält man Aepfel, zerschneidet sie in Stücken, und kocht sie mit einem Stückchen Butter und etwas Wasser weich. Hierauf treibt man sie durch einen Durchschlag, gießt Wein hinzu, thut klein geschnittene Zitronenschale, Zimmt und Zucker hinein, läßt solches noch etwas kochen, und richtet sie über die abgekochte und in die Länge geschnittene Zunge an.

15. Rindszunge mit Hagebutten.

Wenn die Zunge gesotten und geschält ist, wird sie in der Mitte von einander geschnitten. Unterdessen läßt man eine Hand voll Hagebutten (Hieften) weich kochen, treibt sie hernach durch, giebt etwas Fleischbrühe, ein Glas Wein, Zucker, einige Zitronenscheiben und einen Löffel voll Essig hinzu, läßt dieß mit einem Stückchen Butter noch etwas aufkochen, und sodann über die Zunge anrichten.

16. Lammsbraten mit Borsdorfer Aepfeln.

Es wird ein schönes Lammsviertel genommen, solches recht geklopft, gesalzen, Zwiebeln, Zitrone und ein Lorbeerblatt hinzu gethan, und mit nicht zu viel Sauce gebraten. Ist solches schön braun und beinahe fertig, so wird es heraus gelegt, die Sauce abgegossen, fünfundzwanzig Borsdorfer Aepfel geschält, in die Bratpfanne gethan, das Fett von der Sauce darüber gegossen, und der Braten darauf gelegt. So läßt man denselben braten, bis die Aepfel weich sind.

17. Lammsschlegel mit Birnen und Kruste.

Ein fetter Lammsschlegel wird recht geklopft, damit er mürbe wird, gesalzen, Zitronenschale nebst Zwiebeln hinzu gethan, und so schön gebraten. Unterdessen werden gute saftige Birne in einer Casserole braun eingekocht, wenn der Braten weich ist, das Fett davon abgenommen, zu der Sauce, welche nicht zu viel sein darf, die gekochten Birne gethan, der Braten darauf gelegt, dieser mit Fett betropft, mit geriebenen schwarzen Brod, mit Lebkuchen vermischt, bestreut, worauf man ihn braun werden läßt.

18. Schweinsschlegel mit Weichseln.

Der Schweinsschlegel muß vorzüglich jung sein, und ein paar Tage in Essig gelegt werden. Nachdem man ihn gehörig gesalzen, einige Zitronenscheiben, klein geschnittene Zitronenschalen, gestoßene Nelken, ein paar Schnitten gebähtes schwarzes Brod, Essig und Wasser hinzu gethan hat, läßt man ihn so eine Zeit lang braten, hernach giebt man eingemachte oder gedörrte Weichseln nebst etwas Zucker hinzu. Eine viertel Stunde vor dem Anrichten wird die Sauce durchgetrieben, und noch eingemachte Weichseln dazu gethan.

19. Schweinsrippen mit Aepfeln gefüllt.

Man nimmt die Rippen von einer Seite, knickt sie ein, damit sie sich besser schneiden lassen, schält dann Aepfel, schneidet sie in Viertel, füllt sie in die eine Hälfte der Rippen, schlägt die andere Hälfte darüber, näht diese beiden Rippenhälften zusammen, und bratet sie wie gewöhnlich.

20. Kalbsbraten mit Aepfeln.

Man zerläßt Butter in einer Casserole, thut geschälte, in vier Theile geschnittene Borsdorfer Aepfel, kleine Rosine, etwas Fleischbrühe und ein wenig Wein dazu, und läßt den in dünne Scheibchen geschnitzenen Kalbsbraten darinnen aufkochen.

21. Gebratene Gans mit Quitten.

Man bratet die Gans am Spieße fertig, schält Quitten, schneidet sie in acht Theile, wendet solche im

Mehl um, und bäckt sie in heißem Schmalze schön braun. Dann legt man die gebratene Gans in eine Bratpfanne, gießt etwas Wein und Wasser hinzu, würzt es mit Zimmt, Nelken, Zitronenschalen und Zucker, thut die gebackenen Quitten dazu, läßt das Ganze aufkochen, und richtet es zusammen an.

22. Gebratene Ente mit Aepfeln.

Die Ente wird, nachdem sie gehörig gereinigt ist, mit Salz und Pfeffer eingerieben und auf gewöhnliche Art gebraten. Wenn sie bald fertig ist, röstet man in Butter einen halben Löffel Mehl gelb, dämpft darinn geschälte und in Stücken geschnittene Aepfel, jedoch so, daß sie ganz bleiben, thut etwas Wein und Bratenbrühe, nebst Zucker und klein geschnittene Zitronenschale hinzu, läßt es ein wenig anziehen, und richtet jedes besonders an.

23. Junge Hühner mit Johannisbeeren.

Man bratet die Hühner am Spieße fertig, nimmt abgezupfte Johannisbeere in eine Casserole, giebt Wein, Zucker, klein geschnittene Zitronenschale und etwas geröstetes Mehl dazu, läßt dieses zusammen kochen, und richtet es über die Hühner an.

24. Junge Hühner mit Stachelbeeren.

Die Hühner werden in vier Theile geschnitten, und in Butter gedämpft. Indessen kocht man Stachelbeere mit etwas geriebener Semmel in Fleischbrühe weich, treibt sie dann durch einen Durchschlag, thut Wein, Zucker und klein geschnittene Zitronenschale hinzu, und kocht dieses mit einer größeren Menge Stachelbeere zu einer dicklichen Sauce ein. Diese wird mit ein paar Eierdottern abgequirlt, und über die Hühner angerichtet.

25. Tauben mit Borsdorfer Aepfeln.

Man schneidet die gereinigten Tauben in vier Theile, und dämpft sie in halb Wasser und Wein mit geschälten, klein geschnittenen Borsdorfer Aepfeln, Rosinen und Zucker weich. Zuletzt röstet man etwas geriebene Semmeln, thut sie zu der Sauce, läßt sie noch ein wenig aufkochen, und bestreut das Gericht beim Anrichten mit Zimmt.

26. Krammetsvögel mit Aepfeln.

Man bratet die Krammetsvögel nebst Zwiebeln, Thymian und etwas Salz in Butter braun. Nun schält und schneidet man Aepfel in Würfel, dämpft sie mit Rosinen, Zimmt, Zucker und klein geschnittenen Zitronenschalen in Butter weich. Wenn beides fertig ist, legt man die Aepfel auf die Platte und die Vögel darauf.

27. Lerchen mit Trauben.

Wenn die Lerchen, wie gewöhnlich, mit Butter in einer Casserole gebraten sind, nimmt man sie heraus, und läßt Traubenbeere in der Butter dämpfen. Beim Anrichten bestreut man die Beere stark mit Zucker und Zimmt und trägt sie mit den Lerchen auf.

28. Lerchen-Ragout mit Aepfeln.

Man kocht die gereinigten Lerchen in einer Casserole mit etwas Wein und Wasser auf, thut geschälte und in Würfel geschnittene Aepfel, Rosine, einige Zitronenscheiben, nebst etwas Zucker hinzu, und läßt sie damit weich kochen.

Mehlspeisen.

29. Auflauf mit Aepfeln.

Es werden zwölf Borsdorfer Aepfel weich gebraten, abgezogen, und das Mark rein ausgeschabt. Dann rührt man ein viertel Pfund gestoßenen Zucker mit acht Eidottern, giebt den Saft und die abgeriebene Schale einer Zitrone, nebst den abgekühlten Aepfeln hinzu, und rührt dieß noch eine Zeit lang. Hierauf schlägt man das Weiße von sechs Eiern zu einem steifen Schnee, mengt es leicht unter die Masse, füllt solche in ein mit Butter bestrichenes Randblech, und läßt den Auflauf langsam backen.

30. Auf andere Art.

Acht bis zehn große Backaepfel werden in Stücke geschnitten, und in einer Casserole mit etwas Butter, ein wenig Wein und Zucker weich gedämpft. Alsdann rührt man ein viertel Pfund Butter mit sechs Eidottern, vier Loth Zucker, zwei Loth fein gestoßenen, bitteren Mandeln, Zimmt, abgeriebener Zitronenschale nebst zwei Löffeln voll fein gestoßenen Zwieback, und zuletzt mit dem zu Schnee geschlagenen Weißen von vier Eiern ab. Nun thut man die Aepfel behutsam dazu, daß sie nicht zerfallen, bringt die Masse in eine mit Butter bestrichene Form, und läßt den Auflauf bei gelinder Hitze langsam backen.

31. Auflauf von Quitten.

Fünf bis sechs Quitten werden im Wasser weich gesotten; wenn sie erkaltet sind, geschält, und das Mark auf dem Reibeisen abgerieben. Zu einem halben Pfund Mark werden zwölf Loth fein gestoßener Zucker, das Abgeriebene einer Zitrone nebst dem Saft einer halben mit dem Mark eine halbe Stunde gerührt. Das Weiße von acht Eiern wird zu Schnee geschlagen, und löffelweise hinzugefügt. Nun füllt man die Masse in eine mit Butter bestrichene Form, und läßt sie ganz langsam backen. Wenn der Auflauf recht hoch aufgestiegen ist, wird er mit Zucker und Zimmt bestreut, und sogleich zu Tische gegeben.

32. Auflauf von Birnen.

Man schält und schneidet gute Birne in dünne

Scheiben, kocht sie mit etwas Wein, Zucker, Zimmt und einigen Nelken, bis die Sauce kurz eingekocht ist. Nun rührt man ein viertel Pfund Butter mit acht Eidottern recht schaumig, giebt ungefähr zwölf Loth, in Milch eingeweichtes und wieder fest ausgedrücktes, weißes Brod, zwei Löffel voll gestoßenen Zucker, Zimmt, und die abgeriebene Zitronenschale dazu. Alles dieses rührt man noch eine gute viertel Stunde, mengt alsdann den Schnee von fünf Eiweißen darunter, und bäckt den Auflauf wie die vorigen.

33. Auflauf von Aprikosen.

Fünfzehn bis achtzehn Aprikosen werden geschält, in vier Theile geschnitten, und mit Zucker und Zimmt bestreut. Nun schlägt man die Steine auf, zieht von den Kernen die Schale ab, und stößt sie mit sechs Loth Mandeln recht fein. Hierauf quirlt man ein viertel Pfund Kartoffelmehl mit etwas Rahm ab, und läßt es in einer halben Maas siedenden Rahm zu einem Brei kochen, rührt alsdann ein viertel Pfund Butter mit neun Eidottern nebst sechs Loth Zucker, den gestoßenen Mandeln, sammt Aprikosen=Kernen und dem Abgeriebene einer Zitrone darunter, wobei man noch den abgekühlten Brei, und zuletzt den Eierschnee leicht beimischt. Nun thut man etwas von der Masse in eine mit Butter bestrichene Form, giebt eine Lage von den, mit Zucker bestreuten Aprikosen darauf, fährt damit theilweise fort, doch so, daß die letzte Lage Masse ist, und läßt den Auflauf eine Stunde backen.

34. Auflauf von Johannisbeeren.

Nachdem acht Loth Johannisbeere, die recht zeitig sind, abgebeert wurden, bestreut man sie mit Zucker, und läßt sie eine Weile stehen. Nun rührt man ein viertel Pfund Butter, mit acht Eidottern recht schaumig, giebt sechs Loth Zucker, die abgeriebene Schale einer Zitrone, sechs Eßlöffel voll geriebene Semmeln, und zuletzt den Eier=

schnee darunter, füllt die Hälfte der Masse in eine mit Butter bestrichene Form, belegt dieselbe mit den Johannisbeeren, thut die andere Hälfte der Masse darüber, und läßt den Auflauf backen.

35. Auflauf von Erdbeeren.

Nachdem man eine halbe Maas Erdbeere gewaschen hat, läßt man sie ganz rein ablaufen, vermengt sie mit Zucker nebst gestoßenen Zimmt, und läßt sie eine Stunde stehen. Nun quirlt man acht Eidottern mit einer halben Maas Rahm, vier Loth Zucker, und drei Löffel voll Kartoffelmehl, und mischt den Eierschnee, nebst den Erdbeeren behutsam darunter, läßt den Auflauf eine Stunde backen, und giebt ihn mit Zucker bestreut zu Tische.

36. Auflauf von Himmbeeren.

Man rührt drei große Eßlöffel voll eingemachte Himmbeere mit vier Loth Zucker und dem Weißen von zwei Eiern recht stark ab, schlägt dann das Weiße von vier Eiern zu einem festen Schnee und läßt diesen Auflauf, wie vorhin beschrieben, backen.

37. Auflauf von Pflaumen.

Man legt fünfundzwanzig bis dreißig reife Pflaumen (Zwetschgen) in siedendes Wasser, und läßt sie eine kurze Zeit stehen. Hierauf zieht man die Haut davon ab, theilt sie von einander, nimmt die Steine heraus und läßt sie mit Zucker, Wein und klein geschnittenen Zitronenschalen kurz einkochen. Nun rührt man ein viertel Pfund Butter mit sechs Eidottern ab, und fügt zwei Löffel Zucker, nebst einer Hand voll geriebenen Semmeln und den völlig erkalteten Pflaumen hinzu. Nachdem man noch das zu Schnee geschlagene Eierweiß mit der Masse vermengt hat, bäckt man den Auflauf auf gewöhnliche Weise.

38. Auflauf von Kirschen.

Ein Pfund Kirschen oder Weichseln werden ausgesteint, und mit ein wenig Wein, Zucker und Zimmt kurz eingekocht. Hierauf rührt man ein viertel Pfund Butter mit acht Eidottern, sechs Loth Zucker, vier Loth Mandeln und abgeriebener Zitronenschale eine halbe Stunde, giebt sodann noch eine Hand voll fein geriebene Semmeln, nebst dem geschlagenen Eierschnee hinzu, und bringt etwas von der Masse in eine mit Butter bestrichene, und mit geriebenen Semmeln ausgestreute Form; diese belegt man mit abgekühlten Kirschen, thut wieder etwas von der Masse darauf, und läßt es in der Backröhre ein wenig anziehen. Nun thut man wieder Kirschen darauf, und bedeckt sie mit der übrigen Masse. Nachdem man den Auflauf langsam backen läßt, wird er sodann mit Zucker und Zimmt bestreut aufgetragen.

39. Auf andere Art.

Ein halbes Pfund feines Mehl wird mit etwas Rahm glatt gerührt, nach und nach sechs Eidottern daran geschlagen, und solches mit einem Eßlöffel voll Zucker, etwas abgeriebener Zitronenschale, nebst einer halben Maas Rahm eine viertel Stunde gerührt. Nachdem man eine beliebige Anzahl Kirschen oder Weichseln von den Stielen befreit hat, mengt man solche nebst den zu Schnee geschlagenen Eierweiß leicht unter die Masse, bäckt den Auflauf auf gewöhnliche Weiße, und trägt ihn mit Zucker und Zimmt bestreut auf.

40. Aepfel-Koch.

Man kocht von einer halben Maas Milch einen Kindsbrei, rührt ihn mit einem Stückchen Butter ab, und läßt ihn abkühlen. Hierauf schlägt man sechs Eidottern darein, giebt nach Belieben Zucker, etwas abgeriebene Zitrone, nebst von vier Eiern das Weiße zu Schnee geschlagen, hinzu. Dann schält man sechs Bordorfer = oder Backäpfel, schneidet sie zu kleinen, länglichen Stückchen, und giebt sie unter das Abgerührte. Nun bestreicht man ein Randblech mit Butter, füllt die Masse darein, und läßt den Koch backen.

41. Auf andere Art.

Sechs bis acht Borsdorfer Aepfel werden geschält, und in dünne Scheiben geschnitten, in Mehl umgewendet und in Schmalz gelb gebacken. Nun bestreicht man ein Randblech mit Butter, legt die gebackenen Aepfel darein, dazwischen Weinbeere, klein geschnittene Zitronenschale, Zucker und Zimmt. Dann quirlt man vier Eidottern mit einer viertel Maas süßem Rahme ab, gießt solches über die Aepfel, und läßt den Aepfel=Koch backen.

42. Reißkoch mit Aepfeln.

Ein viertel Pfund Reis wird mit kochendem Wasser mehrmals übergossen, und sodann mit Milch nicht allzuweich gekocht. Währendem schält man zwölf bis fünfzehn Borsdorfer Aepfel, theilt sie in zwei Hälften, und kocht sie mit etwas Wein, Zucker und Zimmt nicht sehr weich, nimmt sie dann aus der Brühe und läßt sie erkalten. Sind nun Reiß und Aepfel ausgekühlt, so füllt man Beides lagenweise so fest als möglich in eine dick mit Butter bestrichene Form; doch müssen die Reiß=Lagen dünner als die der Aepfel sein, auch zwischen eine jede etwas gestoßener Zucker gestreut werden. Dieß nun läßt man in einer Backröhre langsam aufziehen. Unterdessen kocht man die Aepfel=Brühe mit einem halben Schoppen Wein und Zucker so ein, daß sie kalt geworden, Gélée giebt. Ist nun der Koch völlig ausgekühlt, so wird er aus der Form gestülpt, und kurz vor dem Anrichten mit dem Gélée übergossen.

43. Auf andere Art.

Nachdem ein halbes Pfund Reiß, wie vorher beschrie=

ben, in Milch weich gekocht ist, wird solcher glatt gerührt, und nach und nach zwölf Eidottern daran geschlagen. Nun fügt man noch zehn Loth fein gestoßenen Zucker, von zwei Zitronen die abgeriebene Schale nebst Mark, und die zuvor wie zu einen Brei gekochten Aepfel dazu. Ist nun diese Masse recht gerührt, so mengt man den geschlagenen Eierschnee leicht darunter, bäckt den Koch bei mäßiger Hitze, und bestreut ihn nachher mit gestoßenen Zucker und Zimmt.

44. Weichsel-Koch.

Ein viertel Pfund Butter wird recht schaumig gerührt, nach und nach acht Eier, drei bis vier Hände voll geriebene Semmeln, vier Loth gestoßene Mandeln, ein viertel Pfund Zucker, das Abgeriebene einer Zitrone, nebst einer viertel Maas Rahm dazu gegeben. Ist nun dieß Alles recht gerührt so mengt man dreihundert Weichseln oder Kirschen leicht darunter, füllt die Masse in eine mit Butter bestrichene Form, läßt sie langsam backen, und bestreut den Koch mit gestoßenem Zucker und Zimmt.

45. Aprikosen-Koch.

Ein halbes Pfund Reißmehl, oder in Ermangelung dessen, stößt man eben so viel ganzen, jedoch zuvor sorgfältig gelesenen Reiß, wässert ihn gehörig mit heißem Wasser, und kocht ihn in guter Milch zu einem steifen Brei. Dann schlägt man nach und nach zwölf Eidottern daran, und rührt es, nebst einem halben Pfund Zucker und dem Abgeriebenen einer Zitrone tüchtig ab. Nun schlägt man von fünfundzwanzig Aprikosen, welche man geschält und in vier Theile geschnitten hat, die Steine auf, zieht die Schale von den Kernen, stößt sie fein, rührt sie nebst einen viertel Pfund Butter unter den Brei, thut den Eierschnee mit den Aprikosen dazu, und läßt das Ganze eine vierte Stunde backen.

46. Kastanien=Koch.

Ein Pfund Kastanien werden so lange gesotten, bis sie sich schälen lassen. Dann reibt man sie auf einem Reibeisen. Nun wird ein halbes Pfund Butter, mit vier Eiern und sechs Eidottern recht schaumig abgerührt, ein viertel Pfund gestoßene Mandeln, zwölf Loth Zucker, die abgeriebene Schale einer Zitrone, nebst den Kastanien hinzu gethan, und dieses eine Stunde gerührt. Hierauf füllt man die Masse in eine mit Butter bestrichene Form, und läßt sie langsam backen.

47. Weichsel=Koch mit schwarzem Brode.

Es wird zwölf Loth altbackenes, schwarzes Brod gerieben, und solches mit zwölf Eiern, vier Loth mit der Schale zerstoßener Mandeln, einem viertel Pfund Zucker, nebst etwas Zimmt und Nelken eine halbe Stunde gerührt. Hierauf mengt man zwei hundert Weichseln leicht darunter, füllt die Masse in eine mit Butter bestrichene, und schwarzem Brod bestreute Form, und bäckt sie langsam.

48. Aepfel=Koch mit schwarzem Brode.

Es wird für sechs Kreuzer altbackenes, schwarzes Brod gerieben, und ein viertel Pfund Zucker, nebst einem Quint gestoßenen Zimmt darunter gemengt. Nun bestreicht man eine Form dick mit Schmalz, und belegt sie zwei Finger hoch mit dem mit Zucker vermengten Brod. Dann werden fünfzehn bis zwanzig Aepfel geschält, in ganz kleine, dünne Stückchen geschnitten, und Zucker, Zimmt, nebst klein geschnittener Zitronenschale darunter gethan. Nun giebt man hiervon eine Lage nach der andern auf das geriebene Brod, und so oft die Lage von Brod kommt, wird jedesmal ein Löffel voll zergangenes Schmalz darauf gegossen. Die letzte Lage wird von Brod gemacht, und wohl mit Schmalz begossen, langsam gebacken, und mit Zucker und Zimmt bestreut.

49. Grießkoch mit Aepfeln.

Drei Loth Schmalz werden mit fünf Eiern abgerührt, ein halbes Pfund feiner Gries mit drei viertel Maas siedender Milch angebrüht, und zugedeckt, eine Zeit lang stehen gelassen. Nun werden klein geschnittene Aepfel halb weich gedämpft, nachdem sie erkaltet, mit einem Pfund geriebener Kartoffeln, nebst etwas Salz zu der übrigen Masse gefügt, und Alles wohl untereinander gerührt, in einer dick mit Butter bestrichenen Form gebacken, und mit Zucker und Zimmt bestreut aufgetragen. Statt Aepfeln kann man auch Zwetschgen nehmen. Das Verfahren bleibt dasselbe.

50. Weintrauben-Koch.

In einer halben Maas Milch läßt man fünf bis sechs Loth klein geschnittenes Milchbrod zu einem Brei kochen. Hierauf rührt man ein viertel Pfund Butter mit acht Eidottern, einem viertel Pfund Zucker, Zimmt, nebst abgeriebener Zitronenschale recht ab, und mengt zuletzt den geschlagenen Eierschnee leicht darunter. Nun wird eine Form mit Butter bestrichen, in diese eine Hand voll von den Stengeln befreite Trauben gethan, von der gerührten Masse darüber gegossen, dann wieder Trauben darauf gegeben, und so abwechselnd fortgefahren, bis die Form mit Masse schließt, welche sodann bei gelinder Hitze langsam gebacken wird.

51. Stachelbeer-Koch.

Man lasse in einer Casserole Wasser kochen, und schütte sodann eine halbe Maas abgebutzte Stachelbeere hinein. Sobald solche in die Höhe kommen, gießt man sie in einen Durchschlag zum Ablaufen. Inzwischen weicht man vier Loth klein geschnittenes Milchbrod in Milch ein, setzt es mit einem Stückchen Butter zum Feuer, und kocht es zu einem steifen Brei. Nun wird ein viertel Pfund Butter mit sechs Eidottern, einem viertel Pfund Zucker, abgeriebener Zitronenschale, etwas Zimmt, und dem abgekühlten Brei recht abgerührt, hierauf das Weiße von den Eiern zu einen steifen Schnee geschlagen, und sammt den Stachelbeeren leicht unter die Masse gemengt, in eine mit Butter bestrichene Form gethan, worin man sie bei gelinder Hitze eine Stunde langsam backen läßt.

52. Dampfnudeln mit Kirschen, Pflaumen oder Aprikosen.

Es werden vier Loth Butter mit drei Eiern gerührt; alsdann ein halbes Pfund Mehl, zwei Löffel dicke Hefe, ein Löffel Zucker, einige Körner Salz, nebst einer halben Tasse voll Milch dazu gegeben, und zusammen so lange gerührt, bis sich der Teig von dem Kochlöffel ablöst. Nun stellt man ihn an einen warmen Ort, und läßt ihn etwas aufgehen. Es wird hierauf eine Casserole dick mit Butter bestrichen, mit einem Löffel kleine Häufchen von dem aufgegangenen Teig darein gesetzt, zwischen jedes Mehl gestreut, damit sie beim Herausnehmen nicht zusammenkleben, worauf man dieselben so aufgehen läßt. Nachdem dieß geschehen ist, werden ein paar Löffel voll geschmolzener Butter, nebst etwas Obstbrühe hinzugethan, mit einem Deckel bedeckt, auf welchem Kohlen sind, und so über ein gelindes Kohlenfeuer gesetzt, jedoch so, daß solche oben mehr Hitze als unten haben. Nach Verlauf von einer halben Stunde überzeugt man sich, ob sie gehörig braun geworden sind, bestreut sie mit Zucker und Zimmt, gießt noch eine Tasse Obstbrühe hinzu, damit sie sich gut lösen, läßt sie verdeckt mit solcher noch eine viertel Stunde backen, hebt sie nun aus der Casserole behutsam heraus, und giebt sie mit dem gekochten Obst zu Tische.

53. Aepfel-Spatzen.

Von ein und einem halben Pfund Mehl wird mit Milch oder Wasser und drei Eiern ein Teig angemacht.

Dann werden sechs mittelgroße Aepfel geschält, in kleine dünne Schnitzchen geschnitten, und nebst etwas Salz in den Teig gerührt. Von dieser Masse werden nun Spatzen in kochendes Wasser, welches zuvor gesalzen wird, gelegt, zugedeckt, und wenn sie fertig sind, mit einem Löffel herausgenommen, und in heißem Schmalze auf beiden Seiten schön gelb gemacht. Es kann Salat, Ragout oder dergleichen dazu gegeben werden.

54. Aepfel-Klöße.

Abgeschälte, in Würfel fein geschnittene Borsdorfer Aepfel werden mit einem Loth fein gestoßenen Mandeln, etwas abgeriebener Zitronenschale, Zucker, einer Tasse voll Milch, nebst geriebenen Semmeln zu einem steifen Teige gerührt, mit einem Löffel Klöße abgestochen, und Letztere in siedendem Wasser gekocht. Man bringt sie mit geschmolzener Butter, Milch- oder einer andern beliebigen Sauce zur Tafel.

55. Auf andere Art.

Man schneidet die Aepfel wie die vorigen, rührt sie mit vier Löffeln voll Milch, vier Eiern und einem halben Pfund Mehl, nebst einigen Körnern Salz zu einem Teige, sticht mit einem Löffel Klöße heraus, und läßt sie in siedendem Wasser so lange kochen, bis sie nicht mehr teigicht sind. Man giebt sie, mit Zucker und Zimmt bestreut, nebst geschmolzener Butter zu Tisch.

56. Gebackene Aepfel-Klöße.

Ein Teller voll abgeschälte, in kleine Stückchen geschnittene Aepfel werden in etwas Butter gedämpft. Alsdann zwei Loth abgezogene Mandeln fein gestoßen, zu den Aepfeln gethan, und nebst drei Loth geriebener Semmeln, drei Eiern, kleinen Rosinen, Zucker und Zimmt zusammen gut gerührt. Nun sticht man hiervon kleine Klößchen ab, wälzt sie in Mehl, bäckt sie im heißen

Schmalz schön hellbraun, und bestreut sie mit Zucker und Zimmt.

57. Kirsch=Klöße.

Nachdem man einen Teller voll Kirschen entsteinet hat, läßt man sie in einer Casserole mit etwas Zucker in eigener Sauce kurz einkochen. Sind sie abgekühlt, so werden drei Loth geriebene und in Schmalz geröstete Semmeln, Zucker, etwas Zimmt, nebst zwei Eiern dazu gegeben, Alles dieses gut zusammen gerührt, und von diesem Teige stets ein Löffel voll auf ein mit Mehl bestreutes Brett gelegt; indem man auf diese Art kleine Klöße formirt, werden selbige zu Mehl gewälzt, und in Schmalz gebacken. Zu diesen Klößen wird eine Rahm=Sauce, mit Eidottern abgezogen, gegeben.

58. Birnen=Klöße.

Man schält gute Birnen, reinigt sie von den Buzen, nimmt das Kernhaus heraus, und hackt sie klein. Alsdann röstet man geriebenes Brod in Schmalz, und läßt es kalt werden, giebt zwei Loth geschälte und gestoßene Mandeln, etwas Zucker nebst zwei Eiern dazu, und vermengt Alles gut miteinander, worauf von dieser Masse kleine, runde Klöße, die man in Eiern und dann in geriebenen Semmeln umkehrt und im Schmalz bäckt, formirt werden. Dann richtet man sie auf einer Assiette, in Form eines Berges an, bestreut sie mit Zucker und Zimmt, und bringt sie mit einer beliebigen Weinsauce zur Tafel.

59. Quitten=Klöße.

Man schält fünf bis sechs Quitten, kocht sie im Wasser weich, und reibt sie alsdann auf dem Reibeisen bis auf die Buzen ab. Nun rührt man es mit einigen Händen voll geriebenen Semmeln, Zucker, gewaschenen Rosinen und drei bis vier Eiern wohl untereinander, formirt

Klöße davon, und bäckt sie in Schmalz schön gelb. Man kann sie, mit Zucker und Zimmt bestreut, als Beigericht geben, oder eine süße Sauce dazu machen.

60. Omeletten mit Aepfeln.

Man nimmt drei bis vier Rührlöffel voll Mehl, einen Löffel voll Zucker, rührt dieß mit Milch glatt, schlägt fünf bis sechs Eier daran, und verdünnt den Teig mit Milch, daß er läuft. Nun schält man drei bis vier Aepfel, schneidet sie zu ganz kleinen, dünnen Stückchen, und rührt sie an den Teig; macht in einer Pfanne Schmalz heiß, und gießt so viel von dem Teig darein, daß der Kuchen halb Finger dick wird. Wenn er auf der einen Seite gelb gebacken ist, so wird er umgewendet und eben so gebacken, mit Zucker und Zimmt bestreut, und damit fortgefahren bis alle Omeletten gebacken sind.

61. Aufgezogene Omeletten mit Aepfeln.

Man macht einen Teig wie vorher beschrieben, und nimmt anstatt des Zuckers, ein wenig Salz. Dann macht man Schmalz in einer Omeletten-Pfanne heiß, gießt es wieder heraus, so daß die Pfanne nur noch fett bleibt, und giebt so viel von dem Teig darein, daß er nur messerrückendick wird. Nachdem er etwas angezogen hat, läßt man noch ein wenig Schmalz in die Pfanne laufen; ist er auf der einen Seite gelb gebacken, so wird er umgewendet, und eben so gebacken. Die Aepfel werden wie zum Aepfelbrei bereitet. Nachdem sie ausgekühlt sind, bestreicht man die gebackenen Plätze messerrückendick mit diesen Aepfeln, und rollt erstere zusammen. Nun beschmiert man eine Casserole gut mit Butter, und legt die zusammen gerollten Omeletten erst der Länge nach hinein, die andern aber quer darüber. Hierauf quirlt man vier Eier, mit einer viertel Maas Rahm, nebst Zucker, Zimmt und etwas abgeriebener Zitronenschale, gießt dieses über die gefüllten Omeletten, und läßt sie in einer Bratröhre, oder zwischen unten und oben gelegten Kohlen backen.

62. Aufgezogene Aepfel.

Es werden Borsdorfer Aepfel geschält, das Kernhaus ausgestochen, und die Aefel mit kleinen Rosinen, nebst länglicht geschnittenen Mandeln gefüllt. Hierauf wird eine Form mit Butter bestrichen, mit geriebenen Semmeln bestreut, und die Aepfel hinein gestellt. Nun rührt man vier Eier mit einem Eßlöffel voll Mehl recht glatt ab, giebt eine halbe Maas süßen Rahm, nebst Zucker und etwas abgeriebener Zitronenschale hinzu, gießt solches über die Aepfel, und läßt sie langsam in einer Backröhre aufziehen.

63. Aepfel mit Sandtortenguß.

Nachdem die Borsdorfer Aepfel geschält sind, und das Kernhaus ausgestochen ist, werden sie mit Hohl- oder Johannisbeer-Marmelade gefüllt, und in eine mit Butter bestrichene und mit geriebenen Semmeln bestreute Form gestellt. Alsdann wird ein viertel Pfund Schmalz mit vier Eidottern recht schaumig gerührt, ein viertel Pfund fein gestoßener Zucker, ein viertel Pfund Mehl, nebst etwas abgeriebener Zitronenschale hinzugefügt, und und eine halbe Stunde zusammen gerührt. Zuletzt wird das Weiße von den Eiern zu Schnee geschlagen, unter die Masse leicht gemengt, auf die gefüllten Aepfeln gestrichen, und langsam gebacken.

64. Aepfel-Strudeln.

Von einem Ei und zwei Eidottern, einem Löffel voll sauerem Rahm, einer Nuß groß zerlassener Butter, Salz und Mehl wird ein Teig wie zu gewöhnlichen Nudeln gemacht, alsdann dünne Plätze, in der Größe eines kleinen Tellers, ausgewalzt, und diese ein wenig abgetrocknet. Indessen werden Aepfel wie zu einem Aepselbrei bereitet. Nachdem sie erkaltet sind, streicht man die abgetrockneten Plätze messerrückendick darauf, rollt die Strudeln auf, und legt sie nebeneinander in ein mit Butter bestrichenes Randblech, gießt bis auf die Hälfte der Strudeln Rahm hinzu, legt auf diese dünne Butterschnitten, und läßt die Strudeln in nicht zu stark geheizter Röhre langsam aufziehen.

65. Johannisbeer-Strudeln.

Eine Maas Johannisbeere werden abgebeert und mit Zucker eingekocht, bis der Saft einen kurzen Faden spinnt, dann wie vorgehend auf kleine Eierfläbchen gestrichen, zusammengerollt und geschnitten. Hierauf wird drei Loth Mehl mit einer halben Maas Rahm angerührt, Zucker, etwas abgeriebene Zitronenschale nebst drei Loth Butter dazu gefügt, und auf dem Feuer bis zum Kochen heiß gerührt. Ist die Masse verkühlt, so werden drei bis vier Eier daran geschlagen, wie vorgehend ein Randblech mit Butter bestrichen, und ein wenig von dem Creme hinein gethan. Dann wird eine Lage von den Strudeln hinein gelegt, wieder Creme darüber gestrichen, und so fort gefahren, bis Alles darinnen ist, worauf solches gebacken werden kann. Eben so bereitet man die Strudeln mit **Weichseln, Pflaumen** oder **Aprikosen**.

66. Aepfel-Pudding.

Man rührt ein viertel Pfund Butter mit sechs Eiern recht schaumig, und giebt vierzehn Loth geriebene Semmeln, zwei Obertassen voll dicken Aepfelbrei, vier Loth Zucker, klein geschnittene Zitronenschale, Zimmt und zwei Loth Rosine dazu. Wenn nun Alles gut durch einander gerührt ist, füllt man es in eine mit Butter bestrichene Serviette, bindet diese ein paar Finger hoch ober der Masse fest zu, und kocht sie eine Stunde lang in siedendem Wasser. Dann stürzt man den Pudding auf eine Platte, und giebt eine Weinsauce dazu.

67. Zwetschgen-Pudding.

Ein Pfund Zwetschgen setzt man mit etwas Zucker, einem Glas Wein, nebst einem Stückchen Zimmt und Wasser soviel als nöthig ist zum Feuer, läßt erstere kochen, bis sie weich sind, und die Sauce kurz eingekocht ist. Wenn sie erkaltet sind werden die Steine herausgenommen, und die Zwetschgen mit einem Hackmesser gröblich geschnitten. Hierauf rührt man ein viertel Pfund Butter mit sechs Eiern recht leicht ab, und thut eine Hand voll Zucker, vier Loth gestoßene Mandeln, die abgeriebene Schale von einer halben Zitrone, nebst gestoßenen Zimmt dazu. Zuvor wird von zwei Kreuzer-Semmeln die Rinde abgerieben, das Innere dünn geschnitten, mit einem halben Schoppen siedender Milch angebrüht und zugedeckt. Nachdem es ausgekühlt ist, rührt man dieses mit der übrigen Masse gut ab, und mengt die Zwetschgen leicht darunter. Hierauf bestreicht man eine Serviette mit Butter, bestreut sie mit geriebener Semmel, füllt die Masse hinein, bindet sie fest zu, und kocht sie eine Stunde lang in siedendem Wasser. Dann stürzt man den Pudding auf eine Platte, und giebt eine Weinsauce mit Rosinen dazu.

68. Pomeranzen-Pudding.

Drei bis vier frische Pomeranzen werden im Wasser weich gekocht, und durch ein Haarsieb getrieben. Ferner drei Milchbrode in Milch eingeweicht und alsdann fest ausgedrückt. Hierauf rührt man ein viertel Pfund Butter mit neun Eiern, vier Loth fein gestoßenen Mandeln, einem viertel Pfund gesiebten Zucker, nebst zwei Loth fein geschnittenen Zitronat eine gute halbe Stunde, und mengt das Weiße von den Eiern, welches zu Schnee zuvor geschlagen werden ist, leicht darunter. Man läßt diesen Pudding wie gewöhnlich in einer mit Butter bestrichenen Serviette oder Puddingkapsel in Wasser sieden, wobei aber genau Acht zu geben ist, daß sie sorgfältig zugebunden wird, und kein Wasser hinein dringt.

Es wird eine Wein-Sauce von rothem Wein dazu gegeben.

69. Gefülltes Milchbrod mit Weichseln.

Man nimmt runde Milchbrode, reibt die äußere Rinde ein wenig ab, schneidet oben den Deckel weg, und höhlt die Brosamen heraus. Dann dämpft man Weichseln, nachdem man zuvor die Steine herausgenommen hat, in Wein, mengt geriebene und in Schmalz geröstete Semmeln, klein geschnittene Zitronenschalen nebst Zucker und Zimmt darunter, füllt die ausgehöhlten Brode damit aus, bindet den abgeschnittenen Deckel darauf, und bäckt die gefüllten Brode in heiß gemachten Schmalze schnell heraus. Dann läßt man sie in einer Weichsel-Sauce ein wenig aufkochen.

70. Kirschen-Brod.

Man kocht einige hundert süße Kirschen mit etwas Wein, Zucker, Zimmt und klein geschnittenen Zitronenschalen. In Ermangelung frischer Früchte stößt man zwei bis drei Hände voll gedörrte Kirschen, oder Weichseln, je nachdem man viel oder wenig machen will, kocht sie in halb Wein und Wasser, treibt sie hernach durch, thut Zucker, Zimmt und klein geschnittene Zitronenschalen darein, und läßt Alles langsam kochen. Indessen schneidet man Milchbrode in messerrückendicke Schnitten, röstet sie in Schmalz schön gelb, legt sie dann in eine Schüssel, und richtet die gekochten Kirschen darüber an.

71. Pflaumen in Semmelscheiben.

Man schneidet Semmeln oder Milchbrode in Scheiben, bestreicht eine Casserole dick mit Butter, taucht die Semmelscheiben in Milch und Eier ein, und drückt sie auf dem Boden und an den Seiten der Casserole so hin, daß keine Lücke übrig bleibt. Nun steint man Pflaumen aus, läßt sie mit Zucker kochen, und thut sie dann in die ausgelegte Casserole. Alsdann deckt man die Pflaumen mit Semmeln zu, legt Butterscheibchen darauf, und läßt sie eine Stunde backen. Hierauf stürzt man sie auf eine Platte, und giebt sie mit Zucker und Zimmt bestreut zur Tafel.

72. Aepfel=Kuchen.

Drei Loth Butter wird mit fünf Eiern, einem viertel Pfund feinen Mehl, eben so viel geriebenen Semmeln, nebst einer halben Maas Milch, zwei Löffel voll Zucker und etwas abgeriebenen Zitronenschalen gerührt. Nachdem zehn bis zwölf Aepfel geschält, in kleine Stückchen geschnitten, und halb weich gedämpft sind, werden solche, nachdem sie ausgekühlt, unter die Masse gemengt und in einer dick mit Butter bestrichenen Form gebacken. Diesen Kuchen kann man auch mit **Birnen, Zwetschgen, Weichseln** oder **Kirschen** auf dieselbe Weise machen.

73. Auf andere Art.

Man schneidet für sechs Kreuzer altbackenes Milchbrod in dünne Schnitten, gießt drei viertel Maas Milch darüber, und läßt solches eine Zeit lang stehen. Unterdessen rührt man vier Loth Butter mit fünf Eiern, zwei Eßlöffeln voll Zucker, etwas abgeriebener Zitronenschale, und vermischt dieß Alles mit dem eingeweichten Milchbrod. Nun thut man jedes beliebige Obst unter die Masse, bäckt sie in einer dick mit Schmalz bestrichenen Form, und trägt die Speise mit Zucker und Zimmt bestreut auf.

74. Kalbsleber mit Aepfeln.

Es werden fünfzehn Stück Borsdorfer Aepfel geschält, in vier Theile geschnitten und von den Kernhäusern gereinigt. Nachdem dieses geschehen, läßt man in einer Casserole ein Glas Wein mit zwei Loth Zucker kochen, thut die Aepfel hinein, und schwingt sie über dem Feuer so lange, bis der Wein verkocht ist, wobei jedoch die

Aepfel nicht weich werden dürfen, und giebt nach Belieben gereinigte, kleine Rosinen und einige geriebene Mandeln hinzu. Gleichzeitig lasse man eine Kalbsleber in siedendem Wasser eine Stunde lang kochen, reibe solche, nachdem sie erkaltet ist, auf einem Reibeisen, und rühre eine viertel Maas Rahm dazu. Nun wird ein viertel Pfund Butter mit acht Eidottern, abgeriebener Zitronenschale und einem viertel Pfund Zucker gut zusammen gerührt, und zuletzt das zu Schnee geschlagene Weiße von sechs Eiern leicht darunter gemengt. Nun wird eine Form mit Butter bestrichen, auf dem Boden derselben eine Lage Aepfel mit Rosinen und Mandeln gelegt, und darauf eine Lage von der bereiteten Lebermasse gethan. Nachdem damit theilweise so fortgefahren ist, muß eine Lebermasse als die letzte Lage den Beschluß machen. Hierauf setzt man die Form in einen Ofen, und läßt die Speise darinnen eine Stunde backen.

Backwerk.

75. Aepfel-Küchlein.

Hierzu nimmt man von der besten Sorte Backäpfel, schält und zertheilt sie zu halben, fingersdicken Scheiben, und löst das Kernhaus heraus. Hierauf wird folgender Teig gemacht: zu sechs Löffel voll Mehl, welche mit Wein oder weißem Bier angemacht werden, wird eine Nuß groß Schmalz heiß gemacht, an den Teig gegossen, und recht untereinander gerührt; dann wird von drei Eiweißen der Schnee nebst einem Theelöffel voll Zucker hinzu gethan, und die Masse mit Wein oder weißem Bier, welches zuvor warm gemacht wird, zu einem Teig in der Dicke wie ein Omelettenteig angerührt. Dann werden die Aepfel-Scheiben in den Teig eingetaucht, und aus heißem Schmalz schön gelb gebacken. Vor dem Auftragen bestreut man die Küchlein mit Zucker und Zimmt.

76. Aepfel-Strauben.

Man macht hierzu den nemlichen Teig an. Die Aepfel werden aber würflich geschnitten, und wenn es sechs bis acht große Aepfel sind, vier Loth Rosine und eben so viel Weinbeere nebst einem Eßlöffel voll Zucker hinzu gethan, und damit der Teig recht untereinander gemacht. Dann werden mit einem Löffel kleine Klümpchen in heißgemachtes Schmalz gelegt, und diese langsam aber rösch gebacken, und mit Zucker und Zimmt bestreut.

77. Gefüllte Aepfel.

Man schält gute Backäpfel, schneidet oben Deckelchen ab, thut die Kernhäuser heraus, vermengt geschälte, klein gestoßene Mandeln mit Zucker nebst gewaschenen Rosinen, füllt die ausgehöhlten Aepfel damit, und befestigt die Deckelchen mit Zimmt darauf. Alsdann macht man einen Strauben-Teig, nur etwas dünner, kehrt die gefüllten Aepfel darin um, bäckt sie in Schmalz und bestreut sie mit Zucker und Zimmt.

78. Besonders gute, gebackene Aepfel.

Man schälte gute Back-Aepfel, schneidet sie zu dünnen Scheiben, sticht das Kernhaus aus, schüttet über die Aepfel ein Gläschen Wein, und deckt sie zu. Hierauf macht man einen Teig an, von einem viertel Pfund Mehl, zwei Löffel voll Hefe, eben so viel Arack, einem Gläschen Wein, thut von drei Eiweißen den geschlagenen Schnee, einen Löffel Zucker nebst etwas Salz dazu, und läßt dann diesen Teig gut aufgehen. Nun macht man Schmalz in einer Pfanne heiß; ist der Teig aufgegangen, so taucht man die Aepfel darin ein, bäckt sie ganz langsam unter beständigem Schütteln der Pfanne in dem Schmalze, und legt sie dann, bis alle gebacken sind, auf ein Papier, damit dieses das Fett an sich zieht, wie solches bei allem, in Schmalz Gebackenen zu beobachten ist. Vor dem Auftragen bestreut man sie mit Zucker und Zimmt.

79. Gebackene Erdbeer-Schnitten.

Die Erdbeere werden mit ein wenig Wein, Zucker und Zimmt verrührt. Nachdem werden Schnitten von Semmeln oder Milchbrod dünn geschnitten, in verklopften Eiern umgewendet, auf einer Seite von den Erdbeeren aufgestrichen, und auf der Brodseite gelb in Schmalz gebacken, mit Zucker und Zimmt bestreut, und warm zu Tisch gegeben.

80. Trauben-Schnitten.

Man nimmt abgezupfte Traubenbeere, thut Zucker nebst Zimmt hinzu, und verrührt sie mit ein paar Eiern. Dann bestreicht man Milchbrod oder Semmelschnitten auf einer Seite damit, legt zwei Schnitten auf einander, befestigt sie mit Zweckchen, kehrt sie in verklopften Eiern um, bäckt sie in Schmalz und bestreut sie dann mit Zucker und Zimmt.

81. Kirschen-Küchlein.

Es werden vier Löffel voll Mehl mit Milch angerührt, eine welsche Nuß groß Schmalz heiß gemacht, an den Teig gegossen und Alles recht untereinander gemacht, worauf zwei Eier und ein Eidotter daran geschlagen werden, daß der Teig wie zu den Aepfelküchlein in der Dicke ist. Zu so viel Teig kann man ungefähr einen Teller voll Kirschen abstielen, und solche in den Teig rühren. Dann wird Schmalz in einer Pfanne heiß gemacht, ein Löffel darinnen umgetaucht, runde Küchlein damit in das Schmalz gelegt, und unter beständigem Schütteln gut rösch gebacken. Man kann auch sechs bis acht Kirschen mit einem Faden zusammen binden, in den Teig tauchen und so schnell heraus backen.

82. Gefüllte Aprikosen.

Man schneidet Aprikosen nebst Zitronenschale klein, und läßt sie mit Zucker auf Kohlen etwas kochen. Diese

Masse füllt man in große, geschälte Aprikosen, aus welchen man die Kerne genommen hat, und belegt den Einschnitt mit einem Streifchen Oblate. Nun macht man von Wein und Mehl einen nicht zu dicken Teig, kehrt die Aprikosen darin um, bäckt sie aus heißem Schmalze, und bestreut sie mit Zucker und Zimmt.

83. Hagebutten-Küchlein.

Es werden Oblaten in drei Finger breite und Finger lange Streifen geschnitten, der größere hiervon in der Mitte mit Hagebutten- oder Weichselmark gefüllt, und das andere Stückchen darauf gelegt. Dann macht man in einer Messing-Pfanne einen Schoppen Milch und einen halben Schoppen Wasser siedend, und thut ein Ei groß Butter nebst ein Stückchen Zucker darein. Ist ersterer zergangen, so wird feines Mehl hinein gestreut bis der Teig wie ein dicker Spatzenteig ist. Dann läßt man den Teig unter beständigem Umrühren auf dem Feuer abtrocknen, bis er sich von der Pfanne löst, legt denselben hierauf in eine Schüssel, läßt ihn abkühlen, und schlägt nach und nach so viel Eier, welche zuvor in warmes Wasser gelegt werden, daran, bis der Teig in der Dicke wie zu gebrühten Küchlein ist. Dann werden die Oblaten in der Mitte zusammen gehalten, und ringsherum einen kleinen Finger breit in den Teig getaucht, und aus heißem Schmalze gebacken. Sind sie alle gebacken, so werden sie mit Zucker und Zimmt bestreut.

84. Gebackene Pflaumen.

Nachdem man schöne, große, getrocknete Pflaumen mit Zucker in etwas Wein weich gekocht hat, schneidet man sie behutsam auf, nimmt den Stein heraus, steckt statt dessen eine Mandel hinein, und drückt sie wieder zusammen. Nun bereitet man einen Teig von zwei Löffeln voll Mehl, zwei Eiern, einer halben Tasse Wein oder Milch nebst etwas Zucker, wälzt die Pflaumen in diesem, bäckt sie hierauf in heißem Schmalze gelbbraun, und bestreut sie mit Zucker und Zimmt. Diese Pflaumen können zu jedem Braten gegeben werden.

85. Kleine Eierkuchen von Johannisbeeren.

Ein viertel Pfund Butter wird recht schaumig gerührt, sechs Eier nach und nach dazu geschlagen, und so viel Mehl und geriebenes Milchbrod hinzu gegeben, daß diese Mischung ziemlich steif ist. Jedoch ist zu bemerken daß der Teig nicht allzu dünn wird, aber auch nicht zu fest sein darf; in letzterem Falle werden die Kuchen unschmackhaft; mit süßem Rahm läßt er sich leicht verdünnen. Alsdann wird ein Teller voll gereinigte Johannisbeere mit Zucker und gestoßenem Zimmt mit obigem Teige vermischt, in einer Pfanne Schmalz heiß gemacht, und mit einem Löffel kleine Kuchen abgestochen, schön braun ausgebacken, und dann mit Zucker und Zimmt bestreut.

86. Quitten-Strauben.

Sechs bis acht Quitten werden weich gekocht, die Haut abgeschält, und auf einen Reibeisen bis auf das Steinige abgerieben. Nun wird es mit ungefähr zwanzig Stück fein gestoßenen Mandeln, vier Eiern, Zucker nebst fünf Löffeln voll Mehl zusammen gerührt, mit einem Löffel kleine Klümpchen abgestochen, und in heißem Schmalze gebacken.

87. Gefüllte Schmalzkräpfchen.

Es werden vier Eidottern mit vier Löffeln voll Rahm gequirlt, und mit Mehl so dick angerührt, daß man den Teig auswalzen kann; dann wird ein viertel Pfund Butter darauf geschnitten, und wie ein Butterteig überschlagen. Nachdem der Teig gehörig ausgewalzt ist, macht man kleine, runde Plätze daraus, füllt die Hälfte derselben mit beliebiger, eingemachter Obst-Sorte, schlägt die andere Hälfte darüber, und drückt sie am Rande herum fest zusammen. Hierauf bäckt man sie aus heißem Schmalze schön gelbbraun, und bestreut sie mit Zucker und Zimmt Diese Kräpfchen können auch, nachdem sie zuvor mit Ei bestrichen und mit Zucker bestreut wurden, auf ein mit Butter bestrichenes Blech gelegt, im Backofen gebacken werden.

68. Gefüllte Kolatschen.

Man rührt ein viertel Pfund Butter, bis sie weiß und schaumig wird, und schlägt nach und nach zwei Eier nebst zwei Eidottern daran. Hierauf thut man ein halbes Pfund feines Mehl, zwei Eßlöffel voll dicke Hefe, drei Löffel voll lauwarmen Rahm, Salz und etwas abgeriebene Zitronenschale hinzu. Dieses Alles wird gut zusammen gerührt, und so lange abgeschlagen, bis der Teig Blasen wirft, worauf man ihn an einen warmen Ort stellt, bis er aufgegangen ist. Nun walzt man den Teig messerrücken dick aus, sticht mit einem Glase runde Blättchen aus, bestreicht solche mit Eiweißschnee, legt etwas eingesochte Weichseln darauf, und dann wieder ein anderes bestrichenes Blättchen darüber. Nachdem die Kolatschen alle so gefüllt sind, läßt man sie schön aufgehen, bäckt sie in heißem Schmalze, und giebt sie warm, mit Zucker bestreut, zu Tische. Man kann sie auch auf ein Blech setzen, mit Eiweißschnee und Zucker glasiren, und in einem Ofen backen.

89. Aepfel = Kuchen.

Man nimmt so viel Schmalz als ein Ei groß ist, rührt drei Eier daran, drei Hände voll Mehl, und eben so viel geriebene Semmeln, einen Löffel voll Zucker, und eine viertel Maas Milch. Hierauf schält man eine beliebige Anzahl Aepfel, schneidet solche in ganz kleine dünne Stückchen, mengt sie unter die Masse, füllt solche in eine mit Schmalz bestrichene und mit geriebenen Semmeln bestreute Form, bäckt den Kuchen, und bestreut ihn nachher mit Zucker und Zimmt.

90. Gerührter Aepfeln Kuchen.

Man rührt ein viertel Pfund gestoßene Mandeln mit acht Eidottern, der abgeriebenen Schale von einer Zitrone, einigen Eßlöffeln voll Zucker, nebst etwas Zimmt so lange, bis die Masse recht dick ist. Hierauf schält man acht bis zehn Stück große Aepfel, reibt sie auf einem Reibeisen bis auf den Butzen ab, und mengt sie nebst dem zu Schnee geschlagenen Eiweiß unter die Masse. Zuvor wird ein mürber Butterteig auf folgende Art gemacht: Es wird ein viertel Pfund feines Mehl mit zwei Löffeln voll Milch, einem Eidotter, einigen Körnern Salz oder einem Löffel voll Zucker recht untereinander gemengt, ein viertel Pfund Butter ganz klein darein geschnitten, und mit einem Löffel in den Teig gerührt. Dann wird letzterer auf ein Nudelbrett gelegt, zusammen gemacht, und wie der andere Butterteig etliche Mal übereinander geschlagen, und ein paar Stunden stehen gelassen. Alsdann wird er dünn ausgewalzt, ein Blech, von welchem man den Rand abnehmen kann, damit belegt, die Masse hinein gefüllt, und gebacken.

91. Aepfelkuchen mit Butterteig.

Man belegt ein Blech mit Butterteig, schält und schneidet gute Backäpfel, jeden in acht Theile, und legt sie auf den Butterteig. Sodann verrührt man Eier mit einer Tasse voll Rahm, giebt nach Belieben Zucker dazu, gießt dieß über die Aepfel, streut gestoßenen Zimmt darauf, und läßt den Kuchen schön gelb backen.

92. Aepfelkuchen mit Hefenteig.

Zwei Pfund feines Mehl wird in eine Schüssel gethan. Dann macht man mit zwei Löffeln voll dicker Bierhefe und einem halben Schoppen lauwarmer Milch einen Vorteig an. Sobald der Teig gegangen ist, so läßt man ein viertel Pfund Butter oder Schmalz zerfließen, thut es nebst drei Eiern und gehörigem Salze hinzu, und vermengt dieß Alles wohl mit einander. Sollte die Masse zu dick sein, so wird noch lauwarme Milch nachgegossen, und der Teig recht abgeschlagen. Alsdann bestreut man ein Backbret mit Mehl, legt den Teig darauf, wirkt ihn leicht aus, und macht zwei Theile daraus, wovon jedoch die eine Hälfte größer sein muß. Dann läßt man ihn nochmals an einem warmen Orte aufgehen, schmiert hierauf eine Bratpfanne oder Form dick mit Schmalz, walzt die größere Hälfte des Teiges aus, und belegt die Form damit. Nachdem man Aepfel geschält, klein geschnitten, oder wie zu einem Aepfelbrei bereitet hat, füllt man sie darein, macht von der andern Hälfte des Teiges einen Deckel darüber, bestreicht solchen mit Schmalz und bäckt ihn. Wenn der Kuchen fertig ist, wird er umgestürzt, und dick mit Zucker und Zimmt bestreut.

93. Kirschen = oder Weichselkuchen.

Man weicht für drei Kreuzer Semmeln oder Milchbrod, wovon man zuvor die Rinde abgeschnitten hat, in Milch ein. Dann wird ein viertel Pfund Butter, mit fünf Eiern, einem viertel Pfund Zucker, und eben so viel abgezogenen, fein gestoßenen Mandeln, nebst klein geschnittener Zitronenschale recht stark gerührt. Nun drückt man das eingeweichte Brod fest aus, mengt es unter die Masse, und wenn Alles durcheinander vermengt ist, wird ein wohl gewogenes Pfund Kirschen oder Weichseln darein gerührt, in eine mit Butter bestrichene, und mit geriebener Semmel bestreute Form gefüllt, und gebacken.

94. Auf andere Art.

Vier Loth Butter wird mit fünf Eiern leicht gerührt, ein halbes Pfund geriebene Semmeln oder Eierbrod, zwei Eßlöffel voll Zucker, etwas abgeriebene Zitronenschale, nebst einer halben Maas guten Milch hinzu gethan, zuletzt ein Pfund Kirschen oder Weichseln leicht darunter gemengt, in eine bestrichene Form gefüllt und gebacken. Wenn der Kuchen fertig ist, bestreut man ihn dick mit Zucker und Zimmt.

95. Kirschen-Kuchen mit schwarzem Brod.

Ein viertel Pfund Butter wird mit acht Eiern leicht gerührt, zwölf Loth schwarzes Brod gerieben, gedörrt, alsdann mit einem Glas Wein angefeuchtet und wieder getrocknet. Hierauf werden noch sechs Loth fein gestoßene Mandeln, ein viertel Pfund Zucker, klein geschnittene Zitronenschalen, Zimmt und etwas Gewürznelken, sammt dem gedörrten Brod hinzu gefügt. Nachdem man nun dieß Alles eine halbe Stunde gerührt hat, mengt man zwei Pfund Kirschen unter die Masse, füllt solche in eine bestrichene und mit schwarzem Brode bestreute Form, und bäckt den Kuchen.

96. Kirschen-Kuchen mit Butterteig.

Man belegt ein Kuchenblech, von dem man den Rand abnehmen kann, mit dünnen Butterteig. Hierauf werden abgezupfte Kirschen oder Weichseln so auf den Teig gelegt, daß eine an der andern zu liegen kommt. Dann läßt man ein kleines Stückchen Butter zerfließen, rührt drei Eier, einen Eßlöffel voll Zucker und ein Weinglas voll süßen Rahm hinzu, gießt dieß über die Kirschen, und läßt den Kuchen schön gelb backen.

97. Kirschen-Kuchen mit Mandelguß.

Nachdem ein Blech, wie vorher bemerkt, mit Butterteig und Kirschen oder Weichseln, welche zuvor ausgesteint wurden, belegt ist, macht man folgenden Guß darüber: Ein viertel Pfund geschälte und fein gestoßene Mandeln, dann eben so viel Zucker und abgeriebene Zitronenschale nebst fünf Eidottern werden eine halbe Stunde gerührt, zuletzt das zu Schnee geschlagene Eierweiße leicht darunter gemengt, die Masse auf die Kir=

schen oder Weichseln gefüllt, und bei gelinder Hitze gebacken.

98. Kuchen von Johannisbeeren.

Sechs Eiweiße werden zu Schnee geschlagen, dann ein viertel Pfund geschälte und fein gestoßene Mandeln, nebst eben so viel Zucker hinzu gethan, und so lange gerührt, bis die Masse dick geworden ist. Nachdem man zuvor ein Kuchenblech mit mürben Butterteig ausgelegt, und ein wenig von der Masse auf dem Boden herum gestrichen hat, werden frische, abgezupfte Johannisbeere, die man einige Stunden zuvor mit Zucker bestreut hat, auf den Butterteig gelegt, der Mandel-Schnee darauf gegossen, und der Kuchen in einer gelinden Wärme gebacken.

99. Himbeer-Kuchen.

Man legt ein Randblech mit mürben, dünnen Butterteig aus, belegt den Boden desselben dicht mit Himbeeren, und bestreut letztere dick mit Zucker. Dann rührt man vier Loth abgezogene, fein gestoßene Mandeln, eben so viel Zucker, eine kleine Hand voll geriebene Semmel, mit einem halben Schoppen süßen Rahm, gießt dieß über die Himbeere, und läßt den Kuchen backen.

100. Stachelbeer-Kuchen.

Ein Stück Zucker wird mit einem Schoppen Wein geläutert. Ist es bis zur Hälfte eingekocht, so werden eine Maas gereinigte Stachelbeere in dem geläuterten Zucker weich gekocht. Hierauf wird ein Kuchenblech mit mürben Butterteig belegt, ein viertel Pfund gestoßene Mandeln, eine Hand voll geriebene Semmeln, Zucker, Zimmt und klein geschnittene Zitronenschalen untereinander gemengt, von diesen eine Lage auf den Butterteig gemacht, die Stachelbeere darauf gelegt und mit der andern Hälfte des Gemengten bedeckt, dünne Stückchen Butter darauf geschnitten und gebacken.

101. Zwetschgen- oder Pflaumenkuchen.

Hiezu nimmt man entweder einen mürben Butter- oder Hefenteig, walzt ihn gehörig aus, und belegt ein mit Butter bestrichenes Blech damit. Hierauf schneidet man die Zwetschgen auf einer Seite der Länge nach auf, und nimmt die Steine heraus, reiht die Zwetschgen, eine an die andere darauf, bestreut sie mit Zucker und Zimmt, und läßt den Kuchen rösch backen.

102. Auf andere Art.

Man nimmt schöne, reife Pflaumen, legt sie in eine Schüssel, gießt siedendes Wasser darüber, und läßt sie ein wenig stehen. Hierauf zieht man die Haut davon ab, schneidet sie der Länge nach auf, und nimmt die Kerne heraus. Nachdem man ein Blech mit Butterteig belegt hat, reiht man die abgeschälten Pflaumen darauf, bestreut diese mit klein geschnittenen Mandeln, Zucker nebst Zimmt, und läßt den Kuchen backen.

103. Trauben-Kuchen.

Nachdem man sechs Eier stark gerührt hat, thut man ein viertel Pfund fein gesiebten Zucker, eben so viel geschälte und gestoßene Mandeln und etwas abgeriebene Zitronenschale hinzu, und rührt dieses noch eine halbe Stunde. Hierauf mengt man Traubenbeere leicht darunter, füllt die Masse in eine mit Butter bestrichene und bestreute Form, und läßt den Kuchen langsam backen.

104. Auf andere Art.

Man rührt sechs Loth gestoßene Mandeln, eben so viel Zucker und etwas Zimmt mit einem Ei und vier Eßlöffeln voll süßen Rahm an, füllt die Masse in ein mit Butterteig belegtes Kuchenblech, zupft Traubenbeere ab, legt sie ganz dicht auf der Mandelfülle herum, rührt sechs Eier stark mit zwei Löffeln voll Zucker, thut einen halben Schoppen süßen Rahm daran, gießt dieses über den Kuchen, und läßt ihn backen.

105. Aepfel-Torte.

Hierzu wird ein mürber oder folgender Blätter-Butterteig gemacht: Man nimmt ein Pfund des feinsten Mehls auf ein Backbret; dann zwei Messerspitzen Salz und ein Pfund ausgewaschene Butter, schneidet ohngefähr vier Loth davon in das Mehl, reibt es mit diesem ab, wie man eine in der Hand abgeriebene Suppen zu machen pflegt, schlägt ein Ei mit einer achtel Maas Wasser und einem Eßlöffel voll guten Bratwein oder Arack ab, und rührt das Mehl damit an. Der Teig darf nicht fest gemacht werden, wovon die Probe ist, wenn man mit dem Finger auf den Teig drückt, und derselbe wieder aufgeht; nun wird er ausgewalzt, auf die eine Seite geschnittene Butter gelegt, und die andere Hälfte des Teigs darüber geschlagen. Man muß darauf sehen, daß die Butter in gleiche Theile zu liegen kommt. Wenn der Teig ausgewalzt ist, wird er vierfach zusammen geschlagen, wieder ausgewalzt, und so noch zwei bis dreimal fortgefahren. Erlaubt es die Zeit, so ist es gut, wenn man den Teig nach dem Auswalzen noch einige Stunden an einem kühlen Ort stellt, noch besser aber über Nachts ruhen läßt. Unterdessen schält man acht große Backäpfel, schneidet sie in Stückchen, dämpft diese eine Weile mit einem Stückchen Butter in einer Casserole, gießt dann etwas Wein hinzu, kocht sie unter beständigem Umrühren zu einem dicken Brei, und thut zuletzt kleine Rosine, klein geschnittene Zitronenschale, gestoßenen Zucker und Zimmt dazu. Nun wird der Butterteig messerrückendick ausgewalzt, und auf ein mit Papier belegtes Blech gethan. Wenn die Fülle erkaltet ist, wird sie auf den Teig gestrichen, doch so, daß letzterer neben herum zwei Finger breit leer bleibt, bedeckt die Fülle mit einem ausgeschnittenen Deckel von demselben

Teige, oder legt von schmalen Teigstreifen ein Gitter darüber, von einem zwei Finger breiten Streifen Teig aber einen Rand herum, welchen man etwas andrückt, schneidet der Torte an dem Rande mit einem warm gemachten Messer kleine Bogen aus, bestreicht sie mit zerrührten Ei, und bäckt sie.

106. Aepfel = Torte mit Guß.

Ein Blech, von dem man den Rand abnehmen kann, wird mit mürben Butterteig belegt. Indessen werden geschälte Aepfelschnitze, mit etwas Wein, Zucker, Zimmt, nebst kleingeschnittenen Zitronenschalen nicht zu weich gekocht, und wenn sie erkaltet sind, auf den Teig gelegt. Nun schlägt man von drei Eiweißen einen Schnee, rührt ein viertel Pfund fein gestoßenen Zucker und den Saft von einer halben Zitrone hinzu, gießt solches über die Aepfel, und läßt die Torte bei gelinder Hitze backen.

107. Kirschen = oder Weichsel=Torte.

Es werden zwei Pfund Weichseln ausgesteint, einige Hände voll gestoßener Zucker darunter gemengt, und so über Nacht stehen gelassen. Des andern Tages macht man von einem halb Pfund Mehl, zwölf Loth Butter, sechs Loth Zucker, einem Eidotter nebst einem Glas Wein einen Teig, und behandelt ihn wie den schon früher beschriebenen mürben Butterteig: Hernach röstet man zwei Hände voll geriebene Semmeln mit ein wenig Schmalz, und ist es erkaltet, so mengt man ein viertel Pfund geschälte und klein gestoßene Mandeln darunter, von denen man aber etwas zum Bestreuen der Torte zurück behält. Nun walzt man die größere Hälfte des Teiges messerrückendick aus, belegt ein Blech mit einem Rande damit, oder macht einen Rand von steifen Papier auf ein flaches Blech, bestreut den Boden mit den mit Mandeln vermischten Semmeln, thut gestoßenen Zucker nebst den Weichseln, unter welche man klein geschnittene Zitronenschalen, gestoßenen Zimmt und Gewürz=Nelken rührt, darauf, und macht von dem übrigen Teig einen ausgeschnittenen Deckel oder ein Gitter darüber. Hierauf bestreicht man die Torte mit gerührter Eidotter, streut die zurückbehaltenen Mandeln nebst Zucker darauf, und läßt sie schön gelb backen. Man kann die Weichseln oder Kirschen auch nur unausgesteint auf einen ausgewalzten Butterteig legen, sie mit Zucker und Zimmt bestreuen, ein Gitter von dem übrigen Teig darauf machen, mit klein geschnittenen Mandeln bestreuen und so backen.

108. Torte von gedörrten Zwetschgen.

Zu einer Torte mittlerer Größe nimmt man ein Pfund Zwetschgen, wäscht sie, und kocht selbe mit halb Wein und Wasser, nebst Zucker und klein geschnittener Zitronenschale weich. Nachdem sie erkaltet sind, nimmt man die Steine heraus, hackt die gekochten Zwetschgen klein, und rührt gestoßenen Zimmt, Nelken, wie auch fein geschnittene Mandeln darunter. Nun macht man von geblättertem Butterteig einen Boden messerrückendick so groß, als man die Torte haben will, legt neben herum einen zwei Finger breiten Rand von dem Teige, und in die Mitte das Gefüllte gut fingersdick. Hierauf macht man von dem übrigen Butterteig einen Deckel, welchen man zierlich ausschneidet, oder eine Gitterdecke darüber, bestreicht die Torte mit Eigelb, und läßt sie bei guter Hitze backen.

109. Brod-Torte mit Kirschen.

Ein halbes Pfund Zucker wird mit zehn Eidottern nebst einem halben Pfund gestoßenen Mandeln eine Stunde lang gerührt. Unterdessen wird ein viertel Pfund geriebenes, schwarzes Brod gedörrt, hernach gestoßen, und durch einen Seiher oder Sieb getrieben, auch klein geschnittene Zitronenschale, Zitronat und Pomeranzenschale, nebst Zimmt und Nelken darunter gemengt. Nun rührt man dieses nebst einem Pfund Kirschen in die Masse, schlägt das Weiße von den Eiern zu Schnee, und mischt diesen leicht darunter. Hierauf füllt man die Masse in eine mit Butter bestrichene, und den Rand mit Papier ausgelegte Form, und läßt die Torte bei gelinder Hitze langsam backen.

110. Quitten-Torte.

Man siedet sechs bis acht Quitten im Wasser weich, läßt sie erkalten, schält und schabt sie alsdann bis auf das Steinige ab. Hierauf rührt man ein viertel Pfund gestoßenen Zucker, vier Loth geriebene Mandeln, das Abgeriebene einer halben Zitrone, Zimmt, nebst dem Quitten-Mark gut zusammen, füllt die Masse in ein mit Butterteig belegtes Blech, von dem man den Rand abnehmen kann, legt von dem übrigen Teige ein Gitter darüber, und von zwei Finger breiten Streifen einen Rand herum, bestreicht die Torte mit gerührten Eiern, streut klein geschnittene Mandeln darauf, und bäckt sie.

111. Quitten-Torte mit Mandelguß.

Man belegt ein Randblech mit mürben Butterteig, und bedeckt den Boden mit in Wein und Zucker weich gekochten Quittenschnitzen. Alsdann rührt man ein viertel Pfund gestoßenen Zucker, nebst eben so viel geriebenen Mandeln, mit sechs Eidottern eine halbe Stunde, thut etwas Quittensaft und den geschlagenen Eierschnee hinzu, giebt diese Masse auf die Quittenlage, und bäckt die Torte bei gelinder Hitze.

112. Aprikosen-Torte.

Hierzu wird ein mürber oder Mandel-Butterteig gemacht. Man nimmt zwölf Loth Butter, reibt solchen mit einem viertel Pfund feinem Mehle ab, stößt ein viertel Pfund Mandeln nebst eben so viel Zucker fein, und mengt Alles wohl untereinander. Nun thut man noch zwei Eier, und sollte der Teig zu fest sein, etwas Wein hinzu, und wirkt ihn zusammen aus. Alsdann legt man Aprikosen einige Minuten in kochendes Wasser, damit sich die Haut abschälen läßt, schneidet sie von einander, und nimmt die Kerne heraus. Nun wird die größere Hälfte des Mandelteig messerrückendick ausgewalzt, eine Hand voll geriebene Semmeln ganz trocken in heißgemachtem Schmalz geröstet, nebst klein geschnittenen Mandeln darunter gemischt, und der Teig damit bestreut. Hierauf legt man die geschälten Aprikosen neben einander darauf, bestreut sie stark mit Zucker, Zimmt nebst klein geschnittenen Zitronenschalen, macht von dem Teige ein Gitter darüber, und bäckt die Torte, nachdem man sie zuvor mit gerührtem Ei bestrichen hat, nach schon öfters erwähnter Art. Auf dieselbe Weise wird auch die Torte von Zwetschgen (Pflaumen) gemacht.

113. Johannisbeer-Torte.

Es wird ein Torten-Blech mit einem, wie schon vorher beschriebenen Mandelbutterteig belegt. Zur Fülle zupft man eine halbe Maas Johannisbeere ab, und kocht solche mit zwölf Loth gestoßenen Zucker in einer Casserole. Nachdem man den aufgeworfenen Schaum abgenommen hat, und der Saft recht eingekocht ist, stellt man sie vom Feuer, und läßt sie erkalten. Man kann auch statt die Johannisbeeren zu kochen, solche den Abend zuvor dick mit Zucker einstreuen, und sie vor dem Gebrauche, in einem Durchschlag oder Sieb ablaufen lassen. Dann wird der Boden der Torte mit gerösteten Semmelmehl, gestoßenen Mandeln und Zucker überstreut, die Johannisbeere darauf gelegt, und wie die schon früher beschriebenen Torten behandelt. Eben so wird die Torte von Himm- oder Hohlbeeren behandelt.

114. Bisquit-Torte mit Johannis- oder Himmbeeren.

Man rührt zwölf Eidottern, ein halbes Pfund fein gesiebten Zucker, und die abgeriebene Schale einer Zi-

trom eine Stunde lang, bis die Masse ganz dick ist,
und fügt ein halbes Pfund eingekochte Himm= oder Johannisbeeren, von denen man aber erst den Saft recht
ablaufen läßt, hinzu. Hierauf thut man noch zwölf
Loth gesiebtes Stärkmehl abwechselnd mit dem zu Schnee
geschlagenen Weißen von sechs Eiern dazu, bringt die
Masse in eine nicht zu fett bestrichene und mit geriebener Semmel bestreute Form, und läßt sie eine kleine
Stunde lang bei mäßiger Hitze backen. Bei allen gerührten Torten muß darauf gesehen werden, daß, so
lange sie im Aufziehen sind, der Ofen wohl geschlossen
bleibt, auch dürfen sie nicht hin und wider gerüttelt werden, weil sie sonst zusammensitzen und schwer werden.

115. Erdbeer-Torte.

Eine halbe Maas Erdbeere werden mit einem halben Schoppen Wein und Zucker dick gekocht, ein viertel
Pfund geschälte und fein geriebene Mandeln, eben so
viel Zucker, nebst der abgeriebenen Schale einer Zitrone,
mit acht Eidottern eine Stunde gerührt. Hierauf wird
die Hälfte von den Erdbeeren sammt dem zu Schnee geschlagenen Eiweißen leicht darunter gemengt, ein Tortenblech mit mürben Butterteig belegt, die andere Hälfte
der Erdbeeren darauf gethan, mit der gerührten Masse
bedeckt, und solche sogleich in den Ofen gebracht.

116. Gefüllte Sandtorte.

Ein halbes Pfund Butter oder Schmalz wird mit
acht Eiern eine halbe Stunde lang gerührt, bis es recht
schaumig wird. Hernach thut man ein halbes Pfund
fein gesiebten Zucker, nebst der abgeriebenen Schale einer
Zitrone hinzu, und mengt nach und nach, unter beständ-
digem Rühren, so viel feines Mehl darein, bis der Teig
zum Wirken recht ist. Von dieser Masse walzt man
nun die größere Hälfte aus, belegt ein mit Butter bestrichenes Tortenblech damit, streicht eingemachte Johannisbeere darauf, macht von dem übrigen Teige ein Kreuz

darüber und einen Rand herum, und bäckt die Torte bei gelinder Hitze. Das Kreuz und den Rand überzieht man nachher mit einem Eise, und belegt es mit eingemachten Früchten.

117. Melonen-Torte.

Man schält einer Melone die harte Schale ab, nimmt inwendig das Weiße mit den Kernen heraus, schneidet sie in Stücke, und kocht sie in weißem Weine weich. Dann rührt man sie mit fein gestoßenen Zwieback, Zucker und Zimmt zu einem Brei, und läßt diesen auskühlen. Hierauf walzt man einen mürben Butterteig messerrückendick aus, belegt ein Tortenblech damit, streicht die zu einem Brei gerührte Masse darauf, bedeckt solche mit einem ausgeschnittenen Deckel von demselben Teige, überstreicht die Torte mit gerührten Ei, bestreut sie mit Zucker, und bringt sie sogleich in den Ofen.

118. Hagebutten-Torte.

Man kocht frische oder getrocknete Hagebutten mit großen Rosinen in ordinairem Weine weich, und treibt sie durch ein Haarsieb; dann mischt man gestoßenen Zucker, Zimmt, fein geschnittene Zitronenschale und so viel gestoßenen Zwieback hinzu, bis die Masse dick genug ist. Nun wird ein Tortenblech mit Butter bestrichen, mit geriebenen Semmeln bestreut, und mit einem mürben Butterteige belegt; dann macht man einen zwei Finger breiten Rand herum, füllt die Hagebutten auf den Tortenboden, bildet von dem noch übrigen Teige eine Gitterdecke über die Torte, und bäckt sie nach schon öfters erwähnter Art.

119. Trauben-Torte.

Man beert ungefähr sechs bis acht gute Trauben ab, streut eine Haub voll Zucker darauf und thut sie in einen Durchschlag, damit der Saft ablaufen kann. Unter-

deſſen belegt man ein Randblech mit Butterteig, bäckt
ihn leer, vermengt ſodann eine Hand voll geſchälte und
geſtoßene Mandeln mit eben ſo viel Zucker, etwas Zimmt,
fein geſchnittenen Zitronen- und Pomeranzenſchalen, ſtreut
die Hälfte davon auf den gebackenen Teig, legt die
Traubenbeere darauf, und bedeckt ſolche mit dem übrigen Vermengten. Hierauf ſchlägt man von ſechs Eiern
das Weiße zu Schnee, rührt eine Hand voll fein geſtoßenen Zucker darein, bedeckt die Torte damit, und bäckt ſie.

120. Wiener-Torte.

Hierzu verfertigt man einen wie in Nro. 112 beſchrie-
gener Mandelbutterteig. Dann wird derſelbe in ſechs
Stücke getheilt, meſſerrückendick zu runden Platten ausgewalzt, und in einem gut durchhitzten, jedoch nicht zu
heißem Ofen gebacken. Wenn ſämmtliche Platten gebacken ſind, ſo nimmt man verſchiedene Sorten eingemachter Früchte, belegt die erſte Platte mit ſüß eingemachten Kirſchen, die zweite mit eingemachten Apriroſen,
die dritte mit eingemachten Himmbeeren, die vierte mit
Aepfel-Marmelade, die fünfte mit eingemachten Johannisbeeren, die letzte, Schlußplatte bleibt jedoch ohne
Früchte. Hierauf ſchlägt man das Weiße von zwei
Eiern zu Schnee, rührt nach und nach ein viertel Pfund
fein geſiebten Zucker von der feinſten Art hinein, thut
noch den Saft von einer Zitrone hinzu, und rührt dieſes
ſo lange, bis es ein ſteifer Brei wird. Alsdann wird
die ganze Torte oben und an den Seiten mit dieſem Eis
überzogen, im verkühlten Ofen getrocknet, und dann erſt
mit eingemachten Früchten recht ſchön verziert.

121. Königs-Torte.

Ein viertel Pfund fein geſiebter Zucker wird mit
fünf Eidottern nebſt vier Loth feinem Mehle eine viertel Stunde lang gerührt, das Weiße von den Eiern zu
Schnee geſchlagen und leicht darunter gemengt. Hierauf
beſtreicht man einen Bogen Papier mit Butter, legt ihn

in ein Randblech, giebt die Masse darauf, und läßt sie backen. Dann bestreicht man den Kuchen mit eingemachten Johannis- auch Himmbeeren, oder sonst beliebigem Eingemachten, schlägt sechs Eiweiße mit vier Loth Zucker und etwas abgeriebener Zitronenschale zu Schnee, streicht es auf das Eingemachte, und läßt es langsam trocknen. Die Torte muß möglichst kurz vor dem Essen bereitet werden, indem sie sonst das schöne Ansehen verliert.

122. Sand-Torteletts mit Aprikosen.

Man rühre ein halbes Pfund Butter zu Schaum, schlage nach und nach sechs Eidottern daran, und rühre dieß mit einem halben Pfund fein gestoßenen Zucker, nebst der abgeriebenen Schale einer Zitrone eine gute halbe Stunde. Dann rührt man ein halbes Pfund feines Mehl und zuletzt das zu Schnee geschlagene Eiweiße hinzu. Nun bestreicht man die Torteletts-Formen mit Butter, thut einen kleinen Löffel voll von der Masse in die Formen, und drückt sie etwas breit; dann wird eine halbe Aprikose darauf gelegt, mit einem Ausstecher ein rundes Oblatenblatt über die Aprikose gethan, mit Schnee und Zucker bedeckt, mit ein wenig Wasser befeuchtet, und langsam gebacken.

123. Glassirte-Torteletts.

Man stößt ein viertel Pfund Zucker, schält eben so viel Mandeln ab, und schneidet sie ganz klein. Hierauf setzt man in einer Pfanne den Zucker auf schwaches Kohlenfeuer, läßt ihn goldgelb werden, fügt die Mandeln hinzu, und läßt sie damit nur einige Minuten lang aufkochen. Dann bestreicht man die hierzu bestimmte Tortelettsformen mit Mandelöl aus, giebt von dem Aufgekochten einen Löffel voll hinein, und drückt es mit einem Löffel so gut als möglich auseinander, damit die Torteletts ganz dünn werden. Wenn sie ausgefühlt und hart sind, so nimmt man sie heraus, füllt nach Belieben eingekochte Früchte darein, und giebt sie offen zur Tafel.

124. Wiener-Toreletts.

Man walzt mürben Butterteig messerrückendick aus, und belegt kleine Toreletts-Formen damit. Nun preßt man ein Quart Weintraubensaft aus, drückt solchen durch eine Serviette, und läßt den Saft bis auf einen Tassenkopf einkochen. Nun wird ein halbes Pfund fein gesiebter Zucker mit acht Eidottern wie zu Biscuit geschlagen, die abgeriebene Schale von einer Zitrone, nebst klein geschnittenen Zitronat und Zimmt dazu gethan, und der Weintraubensaft, wenn die Masse dick ist, darunter gerührt; dann der Schnee von vier Eiern dazu gethan, in die Torelettsformen gefüllt, und langsam gebacken.

125. Gefüllte Toreletts.

Ein halbes Pfund Butter wird zu Schaum gerührt, nach und nach zehn Eidottern daran geschlagen, und sechs Loth gestoßener Zucker, das Abgeriebene von einer Zitronen-Schale, nebst fünfzehn Loth feines Mehl hinzu gefügt. Zuletzt wird noch das Eiweiße zu Schnee geschlagen, und vor dem Einfüllen leicht unter die Masse gemengt. Hierauf füllt man in kleine, mit Butter bestrichene, und mit geriebenen Semmeln bestreute Torelettsformen einen Löffel voll Teig, auf diesen nach Belieben eingemachte Kirschen, Weichseln, Himm- oder Johannisbeere, welche wieder mit etwas Teig bedeckt werden, und bäckt sie in guter Hitze.

126. Gefüllte-Waffeln.

Hierzu wird ein mürber Butterteig genommen, messerrückendick ausgewalzt, Papier in der Größe des Waffeleisens geschnitten, und dann der Butterteig nach dem Muster zu Stücken geschnitten. Diese Stücke werden hierauf neben herum mit verrührtem Ei bestrichen, alsdann bis an den Rand etwas von eingemachten Johannisbeeren, Weichseln, oder Hagebuttenmark gestrichen, ein anderes Stück Teig darauf gelegt, und neben herum zu kammen gebrückt. Hierauf bäckt man diese gefüllten Stücke im Waffeleisen, wie die andern Waffeln, und bestreut sie mit Zucker und Zimmt.

127. Gefüllte Maultaschen.

Man walzt einen Butterteig gut aus, kocht geschälte und klein geschnittene Aepfel zu einem dicken Brei, und mengt Zucker, Zimmt, klein geschnittene Zitronenschale nebst Weinbeere darunter. Von diesem Brei, oder sonst beliebigem, gekochtem Obste wird nun ein Löffel voll auf den zu viereckigen Stücken geschnittenen Teig gelegt, die vier Ecken davon so zusammen geschlagen, daß sich die Spitzen berühren, dieselben fest zugedrückt, mit Eiern bestrichen, worauf man sie backen läßt. Alsdann werden sie mit Eiweißschnee belegt, und darauf mit etwas, durch Rosenwasser angefeuchteten Zucker bestrichen, und so bei gelinder Hitze langsam glasirt.

128. Pfaffenhüttchen von Aepfeln.

Es wird ein süsser oder Blätterteig gemacht, nicht zu dünn ausgewalzt, und dreieckige Stückchen daraus geschnitten. Nachdem man Borsdorfer Aepfel geschält, und das Kernhaus ausgestochen hat, füllt man solche mit eingemachten Himm- oder Johannisberen, stellt hierauf die gefüllten Aepfel auf das Dreieck, schlägt die Dreiecke zusammen, und bringt sie auf ein Blech. Nachdem man sie mit einem Ei bestrichen und mit Zucker bestreut hat, werden sie in einem Ofen gebacken.

129. Gefüllte spanische Winde.

Man schlägt von drei Eiweißen einen steifen Schnee, rührt zehn Loth fein gestoßenen und gesiebten Zucker hinzu, und schlägt es zusammen recht ab. Nun bringt man schleunigst mit einem Löffel eigroße Häufchen auf ein, mit reinem Papier belegtes Bret, stäubt ganz fein gestoßenen Zucker darauf, und bäckt sie bei gelinder Hitze.

So wie sie aus dem Ofen kommen, löst man solche von dem Papier ab, giebt auf die untere Seite, welche ganz weich sein muß, ein kleines Kaffeelöffelchen voll Johannis- oder Himmbeer- auch Hieften-Mark, und setzt ein anders von den gebackenen Häuschen darauf. Es muß darauf gesehen werden, daß die Häuschen auf kein Blech, sondern auf ein Bret gelegt und darauf gebacken werden, sonst bleiben sie auf der untern Seite nicht weich.

130. Hagebutten-Macronen.

Ein viertel Pfund geschälte und fein geriebene Mandeln, eben so viel gesiebter Zucker, nebst sechs Loth Hagebutten- (Hieften-) Mark werden mit zwei zu Schnee geschlagenen Eiweißen recht gerührt. Alsdann nimmt man die Masse auf ein Bret, wirft sie mit etwas Mehl und Zucker, macht kleine runde Häuschen, setzt solche auf Oblaten, und bäckt sie gelb. Nach dem Backen bestreicht man sie mit einem Guß von Zucker, Eiweiß und Zitronensaft, und läßt sie im Ofen trocknen.

131. Quitten-Hippchen.

Die Quitten werden im Wasser weich gekocht, sodann geschält und durchgetrieben. Zu einem halben Pfund Quitten nimmt man ein halbes Pfund Zucker, nebst der Schale und dem Safte einer halben Zitrone. Mit dem Wasser, worin die Quitten gesotten wurden, wird der Zucker geläutert. Ist dieß geschehen, so thut man die Quitten dazu, und kocht Alles unter beständigem Rühren, bis es die Dicke eines gebrühten Teiges hat. Hierauf wird die Masse auf einer Porzellanplatte messerrückendick aufgestrichen, und auf einem warmen Ofen getrocknet; kommt sie von der Platte weg, so bestreut man sie mit grob gestoßenem Kandiszuckers auf beiden Seiten, sticht sie mit einem kleinen Glas aus, krümmt das Ausgestochene über den Finger, und stellt die Hippchen noch so lange zur Wärme, bis sie völlig getrocknet sind.

132. Quitten-Schnee.

Man kocht reife Quitten recht weich, schält sie, schabt das Beste davon ab, und treibt es durch ein Sieb. Nun vermischt man ein halbes Pfund Quitten mit eben so viel Zucker und nach und nach mit zwei zu Schnee geschlagenen Eiweißen, und rührt solches zusammen eine viertel Stunde, bis es ganz weiß und schaumig wird. Dann setzt man von dieser Masse kleine, runde Häufchen auf Oblaten, und läßt sie auf einem mit Butter bestrichenen Bleche in einem Ofen trocknen.

133. Aepfel-Schnee.

Man brate sechs Borsdorfer Aepfel, und schabe das Mark davon ab. Dann nehme man vier bis fünf Eßlöffel voll fein gesiebten Zucker, und rühre ihn mit den Aepfeln eine halbe viertel Stunde. Dann schlägt man von zwei bis drei Eiweißen einen dicken Schnee, und rührt ihn nebst der abgeriebenen Schale einer halben Zitrone langsam unter die Aepfel. Nun macht man ein Blech ein wenig heiß, bestreicht es mit weißem Wachs, setzt mit einem Löffel Häufchen von beliebiger Größe darauf, und läßt sie in einem Ofen bei gelinder Wärme trocknen.

134. Ueberzogene Himmbeerplätzchen.

Von einem Ei schlägt man das Weiße zu Schnee, und vermischt damit sechs Loth gesiebten Zucker, etwas abgeriebene Zitronen-Schale und einen Kaffeelöffel voll Mehl. Nun streicht man auf kleine, rund geschnittene Oblaten Himmbeer- oder eine andere beliebige Marmelade, streicht das gerührte Eis darüber, und bäckt die Plätzchen auf einem mit Butter bestrichenen Blech bei schwacher Hitze.

Obst-Breie, Compote's, Creme's und Gelée's.

135. Aepfel-Brei.

Man schält die Aepfel, schneidet sie in kleine Theile, und läßt sie in einer Casserole mit einem Stückchen Butter und ein klein wenig Wasser auf Kohlen dämpfen. Dann rührt man zwei Löffel voll Mehl mit Milch glatt, gießt dieß an den Brei, rührt ihn gut untereinander, und läßt ihn mit etwas Zucker eine halbe Stunde zusammen kochen.

136. Aepfelbrei auf andere Art.

Man schält und schneidet die Aepfel wie eben bemerkt wurde, stellt sie mit einem Stückchen Butter und einem Glas Wein in einer Casserole auf Kohlen, und läßt sie weich dämpfen. Alsdann werden zwei Eßlöffel voll geriebene Semmeln mit ein wenig Butter gelb geröstet, und nebst einer Hand voll gewaschener Weinbeere, Zucker, etwas Zimmt zu dem Brei gethan, worauf man denselben noch eine viertel Stunde kochen läßt.

137. Aepfelbrei mit einer Kruste.

Dieser wird wie der vorige bereitet. Alsdann vermengt man etliche Hände voll geriebener Semmeln mit einer Hand voll abgezogener und fein gehackter Mandeln, Zucker und Zimmt, thut den gekochten Aepfelbrei in eine Schüssel oder Randblech, streut das vermischte Brod messerrückendick darauf, und läßt selbigen backen.

138. Quitten-Brei.

Man siedet acht Stück Quitten weich, schält die Haut ab, und schabt sie mit einem Messer oder auf einem Reibeisen bis auf das Steinige ab. Zu einem halben Pfund Mark nimmt man ein viertel Pfund Zucker, rührt es mit einem Glas Wein und mit der Brühe, worinnen die Quitten gesotten wurden, zu einen Brei an, röstet zwei Eßlöffel voll geriebene Semmeln in Butter gelb, thut sie nebst fein geschnittener Zitronenschale zu dem Brei, und läßt solchen in einer Casserole aufkochen.

139. Trauben=Brei.

Man zupft die Traubenbeere ab, stößt sie mit geröstetem Brod, treibt sie durch ein Haarsieb, und kocht sie mit Wein, Zucker, Zimmt, klein geschnittenen Mandeln und Zitronenschalen zu einen dicklichen Brei.

140. Aprikosen=Brei.

Die Aprikosen werden in Wasser weich gekocht, sodann zerquetscht, und durch ein Haarsieb getrieben. Nun werden sie in einer Casserole mit Wein, Zucker und Zitronenschalen auf Kohlen gesetzt, und so langsam gekocht, bis es ein dicklicher Brei ist. Man kann auch fein geschnittene Mandeln und kleine Rosine dazu thun.

141. Birnen=Brei.

Die Birnen werden zerschnitten, mit Wasser weich gekocht, und dann durch einen Durchschlag getrieben. Hierauf mit Wein, Zucker, Zimmt, Zitronenschalen, nebst fein geschnittenen Mandeln zu einen dicken Brei gekocht.

142. Weichsel=Brei.

Die Weichseln werden ausgesteint, mit einem Stückchen Butter in einer Casserole auf Kohlen gestellt und gedämpft. Dann gießt man ein Glas Wein und eben so viel Wasser daran, und läßt die Weichseln recht weich kochen. Nun werden sie durch einen Durchschlag getrieben, Zucker, gestoßener Zimmt, klein geschnittene Zitro=

nenſchale, eine Hand voll geriebene Semmeln dazu gethan, und noch eine halbe viertel Stunde gekocht.

143. Zwetſchgen-Brei.

Wenn die Zwetſchgen ausgeſteint ſind, werden ſie in einer Caſſerole mit einem Stückchen Butter auf Kohlen geſtellt und gedämpft. Wenn es ungefähr hundert Zwetſchgen ſind, werden zwei Hände voll geriebenes, ſchwarzes Brod in Schmalz geröſtet, und zu den Zwetſchgen gethan. Den Brei läßt man noch eine viertel Stunde kochen.

144. Schwarz- oder Heidelbeer-Brei.

Von den Schwarzbeeren werden die grünnen Blättchen ausgeſucht, dann die Beere gewaſchen und in einen Durchſchlag gethan, damit das Waſſer abläuft. Nun läßt man ſie in einer Caſſerole mit einem Stückchen Butter dämpfen. Wenn die Beere gut eingekocht ſind, röſtet man geriebenes, ſchwarzes Brod in Schmalz, thut es, nebſt einem Stückchen Zucker und geſtoßenem Zimmt zu dem Brei, und läßt ihn noch eine halbe Stunde kochen.

145. Stachelbeer-Brei.

Man ſetzt ein Pfund Stachelbeere in eine Caſſerole mit etwas Waſſer auf Kohlen, und läßt ſie ſo langſam dämpfen, rührt ſie aber öfters um, damit ſie ſich nicht anhängen. Wenn ſie ganz verkocht ſind, ſchlägt man ſie durch ein Haarſieb, nimmt hierauf im Verhältniß zu den Beeren, Zucker, klein geſchnittene Zitronenſchale, geriebene und in Schmalz geröſtete Semmeln, und läßt den Brei noch eine viertel Stunde kochen.

146. Aepfel-Compot.

Man nimmt fünfzehn bis achtzehn Stück Borsborſer Aepfel. Nachdem ſie geſchält ſind, läßt man ſie entweder ganz, oder schneidet sie zur Hälfte, und reinigt sie von den Buzen. Die rein gewaschenen Schalen kocht man mit einem Schoppen Wasser weich, gießt dann das Wasser auf die Aepfel, thut einen Schoppen weißen Wein, Zucker, Zitronenschale, nebst ein Stückchen Zimmt dazu, und läßt sie langsam kochen; man muß aber Acht geben, daß sie nicht verkochen, sondern ganz bleiben. Dann legt man sie auf ein Haarsieb, läßt die Brühe durchlaufen, und kocht sie mit dem Safte einer Zitrone langsam bis zur Hälfte ein, wonach man es auf einem Zinnteller versucht, ob es gelirt, richtet die Aepfel auf eine Assiette, giebt das Gelée darüber, und läßt es gestehen.

147. Birnen-Compot.

Die Birnen werden geschält, das Kernhaus herausgestochen, und in jede Birne eine Gewürznelke gesteckt. Nun legt man sie in eine Casserole, thut ein Stück Zucker, Zimmt, zwei Theile Wein und einen Theil Wasser hinzu, daß die Brühe über die Birnen geht, und läßt sie so lange kochen, bis sie weich sind. Hierauf legt man die Birnen auf die Compotschale, bestreut sie mit klein geschnittenen Zitronenschalen und Zucker, kocht die Brühe noch mehr ein, und gießt sie darüber.

148. Kirschen-Compot.

Man nimmt gute Kirschen, schneidet davon halb die Stiele ab, setzt sie mit etwas Wein, Zucker, Zimmt und Zitronenschale zum Feuer, und läßt sie nur einen Wall aufkochen. Nun thut man sie in einen Durchschlag, damit sie rein abtropfen, kocht die Sauce vollends dicklich ein, und gießt sie hernach über die Kirschen.

149. Weichsel-Compot.

Man hebt aus den Weichseln mit einem zugeschnittenen Federkiel die Steine vorsichtig heraus, setzt dann die Weichseln mit einem halben Pfund gestoßenen Zucker, Zimmt und klein geschnittenen Zitronenschalen auf Kohlen, läßt sie so in ihrem eigenen Safte einkochen, richtet sie auf eine Assiette an, und giebt sie kalt zu Tisch.

150. Johannisbeer-Compot.

Man kocht die abgezupften Johannisbeere in geläutertem Zucker so lange, bis sie sinken, dann fängt man sie mit einem Schaumlöffel heraus, legt sie auf eine Assiette, kocht den Saft noch stark ein, gießt ihn dann über die Beere, und läßt solche kalt werden.

151. Erdbeer-Compot.

Nachdem man ein Pfund Erdbeere gehörig gewaschen hat, und sie auf einem Durchschlag rein abgelaufen sind, werden sie in einem halben Pfund geläuterten Zucker auf dem Feuer nur so lange geschwengt, bis sie erhitzt sind. Hierauf läßt man sie auf einem Durchschlag rein abtropfen, kocht den Saft noch ein, und ießt ihn hierauf über die Erdbeere.

152. Pflaumen-Compot.

Man nimmt hierzu recht große, schöne Pflaumen, gießt siedendes Wasser darüber, und läßt sie darinnen einige Zeit stehen, wodurch sich die Schale abziehen läßt. Nachdem sie nun abgeschält und ausgesteint sind, werden sie in eine Casserole gethan, stark mit Zucker, Zimmt und klein geschnittener Zitronenschale bestreut, und ganz langsam weich gekocht, wobei sie jedoch ganz bleiben müssen. Man bringt sie, nachdem sie etwas verkühlt sind, auf die Compotschale. Sollte die Sauce noch zu dünn sein, so läßt man sie ganz kurz einkochen, gießt sie alsdann über die Pflaumen, bestreut sie mit Zucker, Zimmt und länglich geschnittener Zitronenschale, und läßt sie erkalten.

153. Quitten=Compot.

Hierzu nimmt man reife Birnenquitten, schält und schneidet sie in vier Theile, nimmt das Steinige heraus, kocht sie in Wasser weich, und läßt sie ablaufen. Dann kocht man Wein mit Zucker, Zimmt, Zitronenschalen und den in ein Tüchlein gebundenen Quittenkernen zu einem dicken Saft, legt die Quitten hinein, und läßt sie durchkochen, jedoch so, daß sie ganz bleiben. Dann richtet man sie in eine Compotschale, mit Zucker und Zimmt bestreut, an.

154. Aprikosen=Compot.

Recht schöne Aprikosen werden geschält und von den Kernen befreit. Dann läßt man sie in einer Casserole mit Zucker, Zimmt und ein wenig Wein auf Kohlen langsam dämpfen, wobei man jedoch Acht geben muß, daß sie nicht zerfahren, und richtet sie auf die Assiette an.

155. Stachelbeer=Compot.

Man nimmt auf ein Pfund rother Stachelbeere, nachdem sie zuvor von den Stielen und Blüthen befreit sind, sechs Loth Zucker und einen halben Schoppen Wasser, läutert den Zucker in einer Pfanne, legt die Beere, nachdem der Zucker hinlänglich abgeschäumt ist, hinein, und läßt sie so lange kochen, bis sie zur Sulze geworden sind.

156. Pfirschich=Compot.

Die Pfirschiche werden geschält, in zwei Theile geschnitten, und mit Wein, Zucker und kleingeschnittenen Zitronenschalen in einer Casserole auf gelindes Feuer gesetzt, wobei man sie zugedeckt weich kochen läßt. Hierauf richtet man die Pfirschiche auf eine Compotschale an, läßt den Saft dick einkochen, und gießt ihn darüber.

157. Melonen-Compot.

Man schält die Melonen, schneidet sie in der Mitte durch, nimmt alle Kerne heraus, und schneidet sie nach ihren natürlichen Streifen in fingerlange Stückchen. Hierauf läßt man ein Stück Zucker mit zwei Gläsern Wein und dem Safte von einer Zitrone dick einkochen, thut die Melonen darein, und kocht sie bei gelindem Feuer, bis sie weich sind. Dann richtet man sie auf eine Assiette an, und läßt sie erkalten.

158. Aepfel-Creme.

Man kocht die Schalen von fünfundzwanzig Borsdorfer Aepfeln mit etwas Zimmt in einer Maaß Wasser eine Stunde lang, und gießt alsdann die Brühe durch ein Haarsieb. Ferner kocht man zwölf Aepfel mit etwas Wein zu einem Brei, thut Zucker, Zitronenschale und Zitronensaft, nebst der Aepfelschalenbrühe hinzu, und läßt Alles zusammen kochen. Dann treibt man es durch ein Haarsieb auf eine Assiette, und bestreut es mit Zimmt.

159. Kirschen-Creme.

Man stößt ein Pfund Kirschen klein, und preßt sie durch. Hierauf quirlt man in einem Topfe vier ganze Eier und acht Eidottern mit einer Tasse Wein, gestoßenen Zucker, Zimmt und dem Abgeriebenen einer Zitrone, nebst dem Kirschensafte recht untereinander, setzt solches auf gelindes Feuer, und quirlt die Masse so lange, bis sie in die Höhe steigt, und zu einem dicken Schaume wird, welchen man in eine Schale füllt, und und darin erkalten läßt.

160. Himmbeer-Creme.

Von zwei Pfund gereinigten Himmbeeren preßt man den Saft aus, quirlt acht Eier, zwei Tassen voll Wein, ein viertel Pfund Zucker und den ausgepreßten Saft recht stark ab, schlägt solches über Kohlenfeuer zu einem dicken Schaum, richtet die Creme auf eine Assiette an, und garnirt sie, wenn sie erkaltet ist, mit Himmbeeren.

161. Erdbeer-Creme.

Diese wird auf dieselbe Art, wie die von Himmbeeren gemacht. Weil aber die Erdbeere mehr Mark haben, so nimmt man weniger Beere, und eine Tasse mehr Wein.

162. Hagebutten-Creme.

Man kocht Hagebutten in zwei Theilen Wein und einem Theil Wasser, nebst etwas gestoßenen Zimmt und Zitronenschale recht weich, treibt sie durch ein Haarsieb, und läßt sie mit einer Hand voll Zucker wieder aufkochen. Indessen quirlt man sechs Eidottern recht stark ab, gießt die durchgetriebenen Hagebutten langsam darunter, rührt Alles über Kohlenfeuer so lange, bis es zu kochen anfängt, und richtet es sodann auf eine Porzellanschale. Ist die Creme erkaltet, so wird sie mit eingemachten Hagebutten oder klein geschnittenen Zitronat belegt.

163. Quitten-Creme.

Sechs bis acht Quitten werden geschält, in Viertel getheilt, das Steinige ausgeschnitten, in zwei Theilen Wein und einem Theil Wasser weich gedünstet, und durch ein Haarsieb getrieben. Hierauf quirlt man acht Eidottern mit sechs Loth Zucker, worauf zuvor das Gelbe einer Zitrone abgerieben, und ersterer nachher gestoßen worden ist, recht ab, giebt die durchgetriebenen Quitten hinzu, rührt dieß auf einem Kohlenfeuer zu einer dicken Creme, und bringt sie alsdann in eine Assiette. Wenn die Creme erkaltet ist, so wird sie mit Biscuit belegt.

104. Aepfel-Gelée.

Sechszehn bis zwanzig Borsdorfer Aepfel werden geschält, die Kernhäuser herausgenommen, und in Wein, nebst Zucker und etwas Zimmt weich gedämpft; doch muß man Acht geben, daß sie nicht zerfallen. Indessen kocht man die Schalen davon in etwas Wasser recht weich, seiht sie durch ein Haarsieb, thut eine halbe Quart Wein, zwei Loth aufgelößte Hausenblase, ein halbes Pfund Zucker, womit man die Schale von einer Zitrone abgerieben hat, und den Saft der Zitrone hinzu, und läutert die Gelée, wenn sie gallert, mit Eiweiß. Nachdem sie filtrirt ist, thut man etwas davon in eine Form, giebt, wenn es kalt ist, die Hälfte der Aepfel darauf, und einen Guß von Gelée darüber, welche aber abgekühlt sein muß. Nachdem dieses steif geworden ist, kommt die andere Hälfte der Aepfel und die übrige Gelée darauf. Nachträgliche Bemerkung: Zu einer jeden Art von Gelée ist Hausenblase nöthig, welche auf folgende Art aufgelößt wird: Man nimmt weiße Hausenblase, stößt sie in einem Mörser, oder klopft sie mit einen Hammer breit, und zupft sie in kleine Stückchen. Zu zwei Loth Hausenblase nimmt man eine viertel Maaß Wasser, setzt solches auf Kohlenfeuer, und läßt es so lange stehen, bis die Hausenblase aufgelößt ist, und wie helles Wasser aussieht; hierauf seiht man sie durch ein leinenes Tuch, und läßt sie kalt werden.

165. Gelée von Pfirsichen oder Aprikosen.

Man schält zwölf Stück Pfirsiche oder Aprikosen, nimmt die Kerne heraus, klopft solche auf, und stößt sie. Hierauf thut man erstere sammt den gestoßenen Kernen, nebst dem Safte von zwei Zitronen in eine Casserole, und läßt sie weich dämpfen, treibt solche durch ein Haarsieb, thut zu einer halben Maaß Durchgetriebenen eine viertel Maaß Wasser, ein halbes Pfund Zucker, und läßt es eine viertel Stunde kochen. Hierauf giebt man die abgeriebene Schale von zwei Zitronen, nebst zwei Loth aufgelößte Hausenblase dazu, läßt Alles noch einige Mal aufkochen, und seiht es in eine Porzellanschale, welche man an einen kühlen Orte setzt.

166. Gelée von Quitten.

Zehn bis fünfzehn Quitten werden geschält, sodann auf einem Reibeisen bis auf das Steinige abgerieben, durch ein Tuch fest gepreßt, und über Nachts stehen gelassen. Den andern Tag gießt man das Helle davon ab, nimmt auf eine halbe Maas Quittensaft ein Pfund Zucker, läutert ihn mit etwas Wasser in einer Messingpfanne, und gießt den Saft dazu. Die Quittenkerne bindet man in ein Tüchlein, und siedet sie mit. Wenn es eine halbe Stunde gekocht hat, und bei der Probe gleich gallert, so ist es fertig, und wird in eine Porzellanschale gegossen.

167. Kirschen-Gelée.

Zwei Pfund recht reife Kirschen oder Weichseln stößt man mit den Kernen in einem Mörser, thut sie dann in eine Casserolle, gießt Wein darauf, und läßt sie eine halbe Stunde lang kochen. Alsdann gießt man den Saft durch ein Haarsieb, nimmt zu einer Maas Saft eines halbes Pfund Zucker, etwas Zimmt und einige Nelken, läßt Alles zusammen noch eine viertel Stunde kochen, fügt zwei Loth aufgelößte Hausenblase und von einem Ei das zu Schnee geschlagene Weiße hinzu, läßt die Gelée noch ein paar Mal aufkochen, und gießt sie nachher durch eine aufgespannte Serviette. Die Gelée füllt man in beliebige Formen, und läßt sie an einem kühlen Orte erstarren.

168. Gelée von Erd- oder Himmbeeren.

Ein Pfund Zucker wird in einer halben Maas Wasser geläutert. Nachdem ersterer erkaltet ist, wird er über ein Pfund Erdbeere gegossen, der Saft von zwei

Zitronen, nebst der Schale von einer halben hinzu gefügt, und solches über Nachts stehen gelassen. Den andern Tag läßt man es durch eine Serviette laufen, fügt aufgelöste Hausenblase hinzu, und gießt die Gelée in die Formen.

169. Gelée von Johannisbeeren.

Wird wie das von Erdbeeren bereitet, nur bleibt der Zitronensaft weg.

170. Gelée von Pflaumen.

Man setzt in einer Casserole eine halbe Maas Wein und eben so viel Wasser auf das Feuer, thut ein halbes Pfund Zucker, etwas ganzen Zimmt und Nelken hinzu, und läßt es sieden. Dann legt man abgeschälte und ausgesteinte Pflaumen hinein, und läßt sie weich dämpfen, jedoch so, daß sie nicht zerfallen. Hierauf nimmt man sie heraus, legt sie auf eine Schale, und läßt die Brühe noch etwas einkochen; dann thut man noch zwei Loth aufgelöste Hausenblase dazu, und gießt, nachdem diese etwas mit gekocht hat, die Gelée durch ein Tuch über die Pflaumen, und läßt sie erkalten.

Eingemachtes Obst.

171. Zucker zu läutern und zu kochen.

Ein Pfund Zucker wird in kleine Stücke zerschlagen, und in einer messingen Pfanne oder Casserole mit einer viertel Maas Wasser gekocht. Wenn der Zucker zu kochen anfängt und in die Höhe steigt, so hebt man ihn vom Feuer, nimmt den Schmutz mit dem Schaumlöffel ab, und setzt das Gefäß, worin der Zucker ist, wieder zum Feuer. Dann wird ein Eiweiß zu Schnee geschlagen, ein Eßlöffel voll Wasser daran gerührt, und zu dem

Zucker gethan. Dieses treibt beim Kochen allen Schmutz auf die Oberfläche des Zuckers als Schaum oben auf, welcher dann auf gleiche Weise abgenommen, und so lange wiederholt wird, bis das Eiweiße, welches sich als weißer Schaum zeigt, abgenommen, und der Zucker hell und klar ist. Nun gießt man ihn durch ein dünnes feines Tuch, welches vorher naß gemacht worden ist. Da zum Einmachen der Früchte sehr viel auf das Läutern des Zuckers ankommt, so folgen hier die Benennungen der verschiedenen Grade und Proben derselben.

172. Der Zucker zum kurzen und langen Faden.

Wenn der Zucker geläutert ist, so setzt man ihn auf das Feuer, und läßt ihn, unter öfteren Umrühren mit einem silbernen Löffel, kochen, und probirt ihn auf folgende Art: Man nimmt mit dem Löffel ein wenig Zucker in die Höhe, ist der Faden kaum zu bemerken, so ist es die Probe des kleinen Fadens; ziehet sich hingegen der Faden in die Länge, ohne daß er zerreißt oder zähe wird, so ist es die Probe zum langen Faden.

173. Der Zucker zur Blase.

Man kocht den Zucker, nachdem man allen Schaum abgenommen hat, so lange, bis sich, wenn man ihn mit einem Schaumlöffel durcheinander rührt, und von demselben der Zucker abgelaufen ist, kleine Blasen bilden, indem man in die Löcher des Schaumlöffels bläßt. Die Blasen sind der Beweis dafür daß der Zucker den rechten Grad der Stärke erreicht hat.

174. Vorerinnerungen zum Aufbewahren der eingemachten Früchte.

Zum Aufbewahren der mit Zucker eingemachten Sachen müssen die Einmachgläser nicht nur rein und trocken sein, sondern auch erst warm gemacht, und nicht auf Stein, weil sie da leicht springen könnten, gesetzt werden. Man läßt sie mit dem Eingemachten bis zum andern Tage stehen, damit es völlig erkalte, bindet dann oben Papier darüber, welches man mit einer Nadel einige Mal durchsticht, und bewahrt es an einem kühlen Orte auf.

175. Weichseln mit Zucker einzumachen.

Man schneidet von den Weichseln zur Hälfte die Stiele ab, und läutert zu einem Pfund Weichseln drei viertel Pfund Zucker. Wenn der Zucker bis zum kleinen Faden gekocht ist, läßt man die Weichseln etlichemal darinnen aufkochen, nimmt sie alsdann mit einem Schaumlöffel heraus, und läßt den Saft kochen, bis er dick wird. Hierauf füllt man die Weichseln in ein Glas, gießt den Saft, wenn er noch lau ist, darüber, und verfährt damit nach vorher erwähnter Weise.

176. Weichsel-Marmelade.

Auf ein Pfund ausgesteinte Weichseln läutert man drei viertel Pfund Zucker, und kocht die Weichseln darinnen unter beständigem Umrühren, bis sie weich und zu einer dicken Masse gekocht sind. Dann wird solches in einem Glase oder Porzellangefäße aufbewahrt.

177. Weichseln in Essig einzumachen.

Hierzu nimmt man schöne, große Weichseln, und zupft sie von den Stielen ab. Nun macht man in ein Zuckerglas eine Lage gestoßenen Zucker. Auf diesen streut man nach Belieben gestoßene Gewürznelken und Zimmt, dann eine Lage Weichseln, und endlich wieder Zucker und Gewürze, womit man so theilweise fortfährt, bis das Glas voll ist. Hierauf läßt man Weinessig sieden, gießt ihn, nachdem er erkaltet ist, über die Weichseln, bindet dann Papier darüber, welches man mit einer Nadel durchsticht, und bewahrt die Weichseln an einem trocknen Ort auf. Zu einer Maas Essig wird ein halbes Pfund Zucker gerechnet. Eben so werden auch die Schlehen eingemacht; nur, daß der Essig siedend darüber gegossen werden muß, sonst werden sie nicht weich.

178. Aprikosen einzumachen.

Die Aprikosen werden von einander geschnitten, die Kerne herausgenommen, und so schichtenweise in eine Schüssel gelegt, daß sie sich nicht drücken. Alsdann läutert man auf ein Pfund Aprikosen ein Pfund Zucker, gießt ihn heiß darüber, deckt einen Bogen Papier darauf, und läßt die Aprikosen über Nachts stehen. Den folgenden Tag schüttet man sie behutsam auf einen Durchschlag, läßt den Zucker rein ablaufen, und kocht ihn bis er Fäden zieht, thut die Aprikosen hinein, läßt sie gelinde einmal aufkochen, und füllt sie dann in Gläser.

179. Aprikosen = Marmelade.

Man schält recht reife Aprikosen, nimmt die Kerne heraus, und treibt sie durch ein Sieb. Dann kocht man auf zwei Pfund Aprikosen ein und ein halbes Pfund Zucker dick, rührt die Marmelade nach und nach hinein, läßt dieß unter öfteren Umrühren so lange kochen, bis es dick genug ist, vermischt zuletzt etwas gestoßenen Zimmt und Nelken damit, und füllt die Aprikosen=Marmelade in Gläser oder Büchsen.

180. Aepfel = Marmelade.

Die geschälten Aepfel schneidet man in vier Theile, kocht sie im Wasser weich, und treibt sie hernach durch einen Durchschlag. Hierauf kocht man zu einem Pfund durchgetriebener Aepfel drei viertel Pfund Zucker mit Wasser, und läutert ihn; thut dann die Aepfel nebst abgeriebener Zitronenschale hinzu, und kocht Alles unter beständigem Umrühren so lange, bis die Masse besteht, während sie auf einen Teller gegossen wird, und füllt die Marmelade, nachdem sie ausgekühlt ist, in Gläser oder Büchsen.

181. Birnen=Marmelade.

Wird eben so bereitet. Wenn es gute, saftige Birnen sind, so wird ein viertel Pfund Zucker weniger als wie zu den Aepfeln genommen.

182. Himmbeere einzumachen.

Man nimmt hierzu schöne, große Himmbeere (Hohlbeere), läutert zu einem Pfund Himmbeere drei viertel Pfund Zucker nach kurzer Fäten Art, thut die zuvor verlesenen Himmbeere darunter, kocht sie eine viertel Stunde lang, und schöpft den Schaum immer davon ab, ohne jedoch herum zu rühren. Wenn die Himmbeere zu sinken anfangen, und sich kein Schaum mehr zeigt, werden sie in eine Schüssel gethan, und, nachdem sie erkaltet sind, in Gläser gefüllt.

183. Himmbeer=Marmelade.

Die zuvor verlesenen Himmbeere werden durch ein Haarsieb getrieben, und zu einem Pfund Mark ein halbes Pfund gestoßener Zucker gerührt. Dieses wird zusammen auf Kohlen unter fleißigen Umrühren ziemlich dick gekocht, und nachdem es völlig erkaltet ist, wie das übrige Eingemachte aufbewahrt.

184. Himmbeer=Saft.

Recht reife Himmbeere zerdrückt man, gießt so viel Weinessig darüber, daß sie davon bedeckt werden, und läßt sie zugedeckt zwei Tage an einem kühlen Orte stehen. Dann preßt man den Saft durch ein Tuch, thut zu einer Maas Saft zwei Pfund Zucker, kocht Beides zusammen zur gehörigen Dicke, schäumt es fleißig ab, und füllt den abgekühlten Saft in Zuckergläser.

185. Johannisbeeren einzumachen.

Es werden recht reife Johannisbeere von den Stielen abgezupft. Zu ein und einem halben Pfund Beere nimmt man ein Pfund Zucker, und läutert denselben bis er Blasen wirft. Hernach läßt man ihn ein wenig erkalten, thut die Beere hinein, und läßt sie unter beständigem Abschäumen so lange kochen, bis die Masse, so bald man einen Tropfen davon auf einen Teller laufen läßt, besteht. Nachdem die Beere gehörig abgekühlt sind, füllt man sie in Gläser oder sonst beliebige Gefäße.

186. Johannisbeer-Saft

Recht reife, von den Stielen abgestreifte Johannisbeere preßt man durch ein reines, dickes Tuch, und läßt den Saft über Nachts stehen, damit er klar wird. Den folgenden Tag gießt man das Helle ab, thut zu jedem Pfund Saft ein und ein viertel Pfund Zucker, und läßt Beides zusammen eine gute viertel Stunde kochen. Wenn der Saft abgekühlt ist, wird er in Einmachgläser gefüllt.

187. Hagebutten einzumachen.

Man nehme hierzu nur schöne, große Hagebutten, lasse diesen den größten Theil des Stiels, öffne sie oben mit einem Federmesser, ziehe alle Kerne und Fasern bis auf das Fleisch heraus, werfe sie in kochendes Wasser, nehme sie jedoch gleich wieder heraus, und lege selbige auf einen Durchschlag, damit kein Wasser daran bleibt. Dann wird auf ein Pfund Hagebutten drei viertel Pfund Zucker mit Wasser zu langen Fäden geläutert, die Hagebutten darein gethan, und so lange gekocht, bis sie leicht durchstochen werden können, sodann aus dem Safte genommen, und in Gläser gethan. Den Saft lasse man noch einmal mit einigen Nelken und Zimmt kurz einkochen, und wenn er verkühlt ist, auf die Hagebutten gießen.

188. Hagebutten-Marmelade.

Man reinigt reife Hagebutten gehörig, setzt sie eine Zeit lang an einen warmen Ort, damit sie weich werden, und treibt sie hernach durch ein Haarsieb. Hierauf läutert man zu einem Pfund durchgetriebener Hagebutten ein Pfund Zucker, bis er Fäden zieht, thut ihn vom Feuer, bis er etwas ausgekühlt ist, weil sonst die Hagebutten die schöne, rothe Farbe verlieren, rührt solche hierauf löffelweise hinein, und läßt Beides zusammen unter beständigem Umrühren noch so lange kochen, bis die Marmelade dick wird.

189. Quitten einzumachen.

Man nimmt schöne, reife Quitten, schneidet sie in vier, und wenn sie groß sind, in acht Theile, schält und kocht sie im Wasser weich. Hierauf werden sie behutsam aus dem Wasser genommen, und zum Erkalten auf ein Sieb gelegt. Nachdem man zu zwei Pfund Quittenschnitzen ein und ein halbes Pfund Zucker geläutert hat, werden die Quitten, nebst geschnittener Zitronenschale, Zimmt und einigen Nelken zu dem Zucker gethan, und langsam gekocht, bis sie weich sind. Dann nimmt man sie behutsam heraus, und legt sie in ein Glas, läßt den Zucker noch etwas einkochen, und gießt ihn, nach dem er zuvor etwas abgekühlt ist, über die Quitten.

190. Quitten-Marmelade.

Die Quitten werden abgeschält und in Stückchen getheilt, die Schalen nebst den Kernhäusern in Wasser weich gekocht, der Saft davon ausgedrückt, die Quitten darin weich gekocht, hernach durch ein Sieb getrieben, und zu einem Pfund Quitten drei viertel Pfund Zucker mit einem halben Schoppen Wasser geläutert, bis er Fäden spinnt. Dann thut man das Quittenmark nebst der ganz fein geschnittenen Zitronenschale dazu, läßt Alles unter beständigem Umrühren ungefähr

8

eine viertel Stunde kochen, und hebt die Marmelade abgekühlt in Einmachgläsern auf.

191. Preiselbeere in Essig einzumachen.

Man gießt so viel Weinessig über die zuvor verlesenen Preiselbeere, daß er dieselben bedeckt, und läßt sie so über Nachts stehen. Den folgenden Tag gießt man den Essig wieder ab, nimmt zu einer Maas Essig drei viertel Pfund Zucker, ein halbes Loth Nelken nebst Zimmt, und siedet dieß unter fleißigem Abschäumen. Hierauf thut man die Beere darein, läßt sie so lange kochen, bis sie aufspringen wollen, und bewahrt sie zum beliebigen Gebrauche auf.

192. Preiselbeere einzumachen.

Die gehörig gereinigten Preiselbeere setzt man in einer Casserole auf gelindes Feuer oder in eine Bratröhre, und läßt sie unter öfterem Umrühren kochen. Nachdem sie abgekühlt sind, thut man sie in Steintöpfe, und bindet solche nach völligem Erkalten fest zu. Beim Gebrauch derselben wird jedes Mal die nöthige Portion mit gestoßenem Zucker und Zimmt versüßt, und sollten sie zu dick sein, mit etwas Wein oder Essig flüßig gemacht.

193. Stachelbeere einzumachen.

Die Beere dürfen nicht völlig reif, sondern noch fest sein. Man schneidet die Stiele und Buzen ab, durchsticht sie einige Mal mit einer Nadel, legt sie in frisches Wasser, und läßt solches auf dem Feuer heiß werden, jedoch nicht kochen. Dann hebt man die Beere wieder vom Feuer ab, deckt die Casserole zu, und läßt sie noch eine Weile in dem Wasser stehen, wodurch sie völlig weich werden. Von diesem Wasser thut man sie in ein frisches, läßt sie eine Zeitlang darin liegen, und bringt sie alsdann in ein Sieb, damit das Wasser davon abläuft. Unterdessen wird zu einem Pfund Stachelbeere ein Pfund Zucker mit einer viertel Maaß Wasser geläutert, bis der Zucker Fäden zieht, die Beere in Einmachgläser gethan, und der ziemlich abgekühlte Zucker darüber gegossen. Dieß läßt man so über Nachts stehen. Den folgenden Tag wird der Zucker durch einen Durchschlag abgegossen, etwas stärker gekocht, die Beere hineingethan, und einige Mal ganz gelinde mit aufgekocht; doch muß man darauf sehen, daß die Beere ganz bleiben. Nachdem sie etwas verkühlt sind, füllt man sie in die Einmachgläser. Nach Verlauf von acht Tagen muß nachgesehen werden, ob der Zucker nicht zu flüssig geworden ist. Dann kocht man ihn nochmals, und gießt ihn ziemlich warm auf die Beere. Dieß muß überhaupt bei allen eingemachten Früchten beobachtet werden.

194. Erdbeere einzumachen.

Nachdem man die Erdbeere, welche zwar reif, aber noch ziemlich fest sein müssen, verlesen hat, läutert man zu einem Pfund Beere ein Pfund Zucker zur Blase, thut die Erdbeere hinein, läßt sie einige Mal gelinde mit aufwallen, und füllt sie in Zuckergläser.

195. Kirschen einzumachen.

Auf ein Pfund mit einem Federkiel ausgesteinter Kirschen läutert man drei viertel Pfund Zucker mit einigen Löffeln voll Wasser, thut die Kirschen hinein, und läßt sie gelinde mit auffochen. Hierauf nimmt man sie mit einem Schaumlöffel heraus, schüttet die Kirschen in einen Durchschlag, läßt den Zucker rein ablaufen, und kocht ihn wieder zur Blase. Dann werden die Kirschen hinein gethan und noch einmal aufgekocht, doch nicht lange, auch darf nicht umgerührt werden, damit sie nicht ihr Ansehen verlieren. Nachdem die Kirschen gehörig abgekühlt sind, werden sie wie schon öfters erwähnt aufbewahrt. Sollte der Zucker nach einigen Tagen zu flüssig sein, so gießt man ihn ab, und läßt ihn noch einmal aufkochen, wozu noch ein Stück frischer Zucker genommen wird.

196. Melonen einzumachen.

Man nimmt schöne, reife Melonen, schält und schneidet sie in längliche Streifen, und legt sie in eine Schüssel, besprengt sie mit Weinessig, und läßt sie zugedeckt einige Stunde stehen. Nachdem legt man sie zum Austrocknen auf ein Tuch, kocht sie hernach in geläutertem Zucker nicht zu weich, nimmt alsdann die Melonen heraus, läßt den Zucker gehörig ablaufen, und kocht denselben dicker ein. Hierauf werden die Melonen in ein Zuckerglas gelegt, mit Zimmt und Nelken bestreut, und der abgekühlte Zucker darüber gegossen. Sollte der Zucker nachlassen, so muß er so oft gekocht werden, bis er nicht mehr wässerig wird.

197. Zwetschgen in Zucker einzumachen.

Man nehme schöne, reife Zwetschgen, welche noch ziemlich fest sind, steche mit einer Nadel von allen Seiten Löcher hinein, lege sie in frisches Wasser, und setze sie in diesem so lange aufs Feuer, bis das Wasser anfangen will zu sieden. Alsdann hebt man sie mit einem Schaumlöffel behutsam heraus, und legt sie auf ein Schieb. Wenn die Zwetschgen völlig kalt sind, legt man sie in eine Schüssel, gießt geläuterten Zucker kalt darüber, und läßt sie mit Papier zugedeckt über Nachts stehen. Den folgenden Tag gießt man den Zucker wieder ab, kocht ihn etwas stärker, und gießt ihn wieder kalt über die Zwetschgen. Den dritten Tag wird der Zucker zur Blase gekocht, die Zwetschgen hinein gethan, welche man ein paar Mal mit aufkochen läßt, und dann, wenn selbige etwas verkühlt sind, in nicht zu hohe Gefäße gefüllt, damit sie sich nicht drücken.

198. Zwetschgen in Essig einzumachen.

Die Zwetschgen müssen mit sammt den Stielen behutsam abgepflückt werden, damit sie schön blau bleiben. Hierauf stellt man sie so in ein Zuckerglas, daß die Stiele oben stehen, und streut grob gestoßenen Zimmt und Nelken dazwischen. Wenn das Glas ganz voll ist, so wird so viel Weinessig, als man glaubt nöthig zu haben, gesotten, (zu einer halben Maas Essig wird zwölf Loth Zucker gerechnet), und wenn selbiger etwas verkühlt ist, über die Zwetschgen gegossen. Den folgenden Tag wird der Essig wieder abgegossen, abermals gesotten, und wieder lau an die Zwetschgen gegossen. Nachdem dieses noch zweimal wiederholt wurde, wird das Gefäß mit Papier fest zugebunden, einige Löcher eingestochen, und an einem trocknen Orte aufbewahrt.

199. Zwetschgen einzukochen.

Man nimmt fünf hundert schöne, reife Zwetschgen, löst die Kerne heraus, bringt erstere in eine Bratpfanne, und läßt sie so lange unter fleißigen Umrühren in der Röhre kochen, bis aller Saft eingekocht ist. Hierauf thut man ein halbes Pfund gestoßenen Zucker, ein halbes Loth gestoßenen Zimmt, nebst eben so viel Nelken und die klein geschnittene Schale von einer Zitrone hinzu, und läßt dieß Alles noch eine viertel Stunde lang kochen. Nachdem die Zwetschgen hinlänglich abgekühlt sind, füllt man sie in Steintöpfe, und bindet solche nach völligem Erkalten mit Papier zu, welches öfters durchstochen wird. Diese eingekochten Zwetschgen halten sich mehrere Jahre, und sind sowohl zu Torten und dergleichen, als auch auf Brod und Weckschnitten gestrichen, sehr gut.

200. Kirschen und Weichseln einzukochen.

Vier Pfund Kirschen und zwei Pfund Weichseln werden ausgesteint, und mit einem Pfund Zucker in einer Casserole auf schwachem Kohlenfeuer so lange gekocht, bis sie nur sehr wenig Saft mehr haben. Hierauf thut man nach Belieben klein geschnittenen Zitronat und Pomeranzenschalen hinzu, läßt Alles zusammen noch ein wenig kochen, füllt es nach völligem Erkalten in Steintöpfe oder Gläser, worin es sich mehrere Jahre sehr gut erhätte. Dieses gekochte Obst läßt sich wie das vorhergehende nach Belieben auf mannichfache Art verwenden.

201. Früchte mancherlei Art aufzubewahren und frisch zu erhalten.

Es werden Gläser, in der Größe einer Bouteille genommen, welche zugleich aber einen weiten Hals haben müssen, damit die Früchte gut hineingehen. — Von Kirschen oder Weichseln schneidet man zur Hälfte die Stiele ab, füllt die Gläser damit voll, und pfropft selbige fest zu. Ebenso verfährt man bei Aufbewahrung von Zwetschgen, Aprikosen oder Pfirsichen. Nachdem dieß geschehen ist, wird ein Kessel mit Stroh ausgelegt, die gefüllten Gläser hinein gestellt, jedoch so, daß sie nicht an einander stoßen, der Kessel bis an den Hals der Gläser mit Wasser gefüllt, und über das Feuer gestellt. Sobald das Wasser zu sieden anfängt, nimmt man die Gläser heraus, worauf sie, wenn sie erkaltet sind, mit Blasen oder Wachspapier zugebunden und an einen trockenen Ort aufbewahrt werden. Auf diese Art halten sich die Früchte das ganze Jahr hindurch sehr frisch, und können nach Belieben auf das Mannichfaltigste in der Küche angewandt werden. Man sehe aber noch vorzüglich darauf, daß die aufzubewahrenden Früchte nicht zu überreif sind, sonst halten sie sich nicht.

Gefrornes von Obst.

202. Von der Zubereitung des Gefrornen.

Zur Bereitung des Gefrornen muß man folgende Gefäße haben: einen Gefrier-Eimer von hartem Holze, welcher oben einen Griff hat und am Boden mit einem Zapfen versehen ist, um das vom aufgelösten Eise gesammelte Wasser abzapfen zu können; ferner eine Gefrier-Büchse von Zinn oder starkem Blech, mit einem

Deckel und Griffe, und einen Spatel von Kupfer, oder ein muldenförmiges Schäufelchen von festem Holze. Die Zubereitung geschieht auf folgende Weise:

Man schlägt Eis in kleine Stückchen, streut in den Gefrier-Eimer eine gute Hand voll Salz und so viel Eis, daß der Boden damit bedeckt wird, setzt die Büchse mit der Masse, die gefrieren soll, fest verschlossen hinein, schichtet sie mit Eis und Salz ein, bis sie ganz fest steht, und streuet nun noch ein paar Hände voll Salz oben auf das Eis, damit das Gefrieren dadurch schneller bewirkt wird. Das Salz muß den fünften Theil des Eises betragen. Die Büchse wird nun bei dem Griffe eine Viertelstunde umgedreht, während sich das Eis in selbiger ansetzt. Dann wird der Deckel rein abgewischt, abgenommen und die Masse, welche sich an den Seiten und um den Boden der Büchse angesetzt hat, mit dem Spatel abgestoßen. Dann rührt man dieses mit dem Uebrigen wieder durcheinander, verschließt die Büchse abermals auf einige Minuten, und stößt dann mit dem Spatel den Ansatz an den Seiten und am Boden der Büchse wiederholt ab. Mit dem Abstoßen und Drehen fährt man so lange fort, bis die Masse durch und durch wie Butter ist, und sich von der Büchse löst; dieß ist dann das Zeichen der Vollendung. Will man das Gefrorne auf einem Teller zur Tafel geben, so wird die Büchse aus dem Eise genommen, mit einem Tuche rein abgewischt, der Deckel abgenommen, verkehrt auf eine kalte Schüssel gesetzt, ein in heißes Wasser getauchtes und wieder fest ausgedrücktes Tuch um die Büchse geschlagen, damit das Gefrorne herunter fällt, und auf selbiges mit einem silbernen Löffel eine Form gedrückt, oder man füllt es in kleine Becher oder Gläser, welche vorher auf Eis gestellt waren.

203. Gefrornes von Erdbeeren oder Himmbeeren.

Man treibt nach Verhältniß, so viel als man braucht,

recht reife Erdbeeren durch ein Haarsieb, drückt den Saft einer Zitrone dazu, versüßet es hinlänglich mit geläutertem Zucker, verdünnt es mit etwas Wein, und bringt dann die Masse in die Gefrier-Büchse.

204. Auf andere Art.

Wenn man keine frischen Erdbeere mehr hat, so nimmt man Erdbeermarmelade, verdünnt sie mit etwas Wein oder Wasser, und drückt den Saft einer Zitrone dazu.

205. Gefrornes von Johannisbeeren.

Man treibt abgestielte, recht reife Johannisbeere durch ein Haarsieb, versüßt das Durchgetriebene mit geläutertem Zucker, verdünnt es mit etwas Wasser, und läßt es gefrieren.

206. Gefrornes von Kirschen oder Weichseln.

Man zupft ein Pfund reife Kirschen von den Stielen ab, steint sie aus, und preßt den Saft durch ein reines Tuch. Hierauf stößt man die Kerne, schüttet sie mit dem Kirschensafte zugleich in ein irdenes Gefäß, und läßt sie einige Stunden stehen. Hernach gießt man ein halbes Pfund geläuterten Zucker hinzu, verdünnt es mit ein wenig süßem Wein oder Wasser, treibt die Masse durch ein Haarsieb in die Büchse, und läßt sie gefrieren.

207. Gefrornes von Aprikosen.

Recht reife Aprikosen schält man, schlägt die Kerne auf, häutet sie ab, bringt sie nebst den Aprikosen, etwas Zimmt und ein paar Tassen voll Wasser in eine Casserole, und läßt sie weich kochen. Hernach treibt man sie durch ein Haarsieb, läutert zu einem Pfund Aprikosen ein Pfund Zucker, drückt den Saft einer Zitrone dazu, giebt dann Beides zu der durchgetriebenen Masse, und läßt sie, wenn sie erkaltet ist, gefrieren. Wenn man keine frischen Aprikosen hat, so nimmt man Aprikosenmarmelade, und verdünnt sie mit Wein und Wasser.

208. Gefrornes von Quitten.

Man schält gute Quitten, nimmt die Butzen heraus, schneidet sie in Scheiben, läßt sie in einer Casserole mit ein wenig Wasser weich kochen, und treibt sie hernach durch ein Haarsieb. Nun vermischt man ein Pfund durchgeschlagene Quitten mit einem Pfund geläutertem Zucker, drückt den Saft einer Zitrone dazu, und läßt es gefrieren.

209. Gefrornes von Aepfeln.

Man schält Borsdorfer Aepfel, reibt sie auf einem Reibeisen, treibt sie durch ein Haarsieb, und nimmt zu einem Pfund von dieser durchgetriebenen Masse ein halbes Pfund geläutertem Zucker, den Saft nebst dem am Zucker Abgeriebenen einer Zitrone, und giebt die Masse in die Gefrierbüchse.

210. Gefrornes von Birnen.

Wird auf dieselbe Art bereitet, und dazu Bergamotte-, Muskateller- oder eine andere gute Art Birnen genommen.

211. Gefrornes von Hagebutten.

Man setzt Hagebutten in einer Casserolle mit etwas Wasser und eben so viel Wein zum Feuer, und läßt sie mit etwas Zimmt, Nelken und Zitronenschale sehr weich kochen. Alsdann treibt man sie durch ein Haarsieb, vermischt sie nach Belieben mit geläutertem Zucker, und bringt die Masse, wenn sie erkaltet ist, in die Gefrierbüchse.

212. Gefrornes von Pfirsichen.

Man nehme die reifsten Pfirsiche, mache die

Kerne heraus, und treibe sie durch ein Haarsieb. Hierauf schlage man die Kerne auf, stoße oder reibe solche recht fein, rühre ein paar Löffel voll Wein darunter, und presse die Milch davon durch ein reines Tuch zu dem Pfirsichmarke. Nun versüße man es mit Zucker, thue es in die Büchse, und lasse es gefrieren.

213. Gefrornes von Pflaumen.

Die Pflaumen werden ausgesteint, mit etwas Zimmt klein gestoßen, und in einem leinenen Tuche ausgepreßt. Nun läutert man nach der Süßigkeit der Pflaumen Zucker, auf welchem man zuvor eine Zitrone abgerieben hat, thut, wenn er verkühlt ist, den Pflaumensaft und zwei Tassen voll Wein dazu, und läßt die Masse gefrieren.

214. Gefrornes von Melonen.

Man reinige recht reife Melonen von Kernen und und Fasern, schäle sie, schneide sie in Stückchen, und treibe sie durch ein Haarsieb. Hierauf drückt man den Saft einer Zitrone dazu, versüßt es mit geläutertem Zucker, füllt die Masse in die Büchse, und läßt sie gefrieren.

215. Gefrornes von Weintrauben.

Man zupfe von ausgewaschenen, doch noch nicht ganz reifen Weintrauben die Beere ab presse sie durch ein leinenes Tuch, gieße ein wenig Wasser dazu, und versüße sie mit geläutertem Zucker. Um diesem Gefrornen den Geschmack von Muscatellerweintrauben zu geben, thue man ein wenig Holunderblüthe in eine Obertasse, gieße etwas kochendes Wasser darauf, und lasse es ein wenig anziehen. Hierauf thut man einen Löffel voll davon oder nach Verhältniß der Masse mehr hinein, und läßt es gefrieren.

Getränke von Obst.

216. Johannisbeer-Limonade.

Man preßt den Saft von ganz reifen, weißen Johannisbeeren durch ein leinenes Tuch, nimmt auf jedes Pfund Saft ein Pfund fein gestoßenen Zucker, thut Beides in eine Flasche, füllt sie aber nicht ganz voll, setzt sie wohl gepropft in die Sonne, und schüttelt den Saft täglich einmal. Man kann ihn den ganzen Sommer mit Wasser versetzt, als Limonade trinken.

217. Johannisbeer-Wein.

Recht reife Johannisbeere werden von den Stielen abgezupft, in einem hölzernen Gefäß mit einem hölzernen Spatel zerdrückt, und über Nachts stehen gelassen. Dann preßt man sie durch ein Tuch oder Haarsieb. So viel Maas Saft es sind, so viel Maas Wasser wird dazu gegossen. Zu jeder solchen Maas wird ein halbes Pfund gestoßener Zucker gethan. Will man den Wein stark haben, so nimmt man zu sechs Maas eine Maas Franzbranntwein. Dann füllt man es in ein Fäßchen, in welchem schon zuvor Wein war, macht es jedoch wegen dem Gähren nicht ganz voll, und behält zum Auffüllen etwas zurück, was man in Bouteillen füllt und mit Papier überbindet. Alsdann bringt man das gefüllte Fäßchen in den Keller aufs Lager, wo es vier Wochen lang unverrückt liegen bleiben muß, bis die Gährung vorüber ist. Wenn es völlig ausgegohren hat, so füllt man das Fäßchen mit dem dazu zurückbehaltenen Safte wieder voll, und macht den Spund zu, jedoch nicht zu fest, so daß er noch etwas Luft hat. Wenn man das Brausen nicht mehr hört, wird der Spund fest hinein getrieben, und so das Fäßchen wohl verwahrt. Nach Verlauf von acht bis zwölf Wochen wird er in Bouteillen abgezogen. Um ganz sicher mit diesem Wein zu gehen, kann man ihn, nachdem er abgezogen ist, noch durch einen Filtrirsack laufen lassen,

und dann erst auch die Bouteillen nur bis an den Hals
füllen, welche man aber wohl verwahren muß, und wo=
von man den Propf nicht zu fest hineintreiben darf, weil
sie sonst leicht zerspringen.

218. Weichsel=Wein.

Man reinigt Weichseln, die vollkommen reif gewor=
den sind von den Stielen, und treibt sie durch ein Haar=
sieb. Zu jeder Maas von dem Durchgetriebenen kommt
ein Pfund fein gestoßener Zucker; man rührt Alles gut
um, damit sich der Zucker auflöst. Der Saft wird nun
in ein Fäßchen gefüllt, welches ganz voll gemacht wird,
und alsdann ruhig liegen und ausgähren muß. Wenn es
fällig ausgegohren hat, schlägt man den Spund fest zu,
läßt den Wein drei Monate liegen, und füllt ihn als=
dann in Bouteillen.

219. Kirschen=Wein.

Man nimmt hierzu fleischige Kirschen, die vollkommen
reif geworden sind. Man zerstößt diese sammt den Bee=
ren im Mörser, preßt den Saft aus, und seihet ihn durch
ein feines Tuch. Dann thut man einige Stückchen klein
gebrochenen Zimmt und etliche gröblicht gestoßene Nelken
hinzu, versüßt den Wein mit geläutertem Zucker, füllt
ihn in reine, ausgetrocknete Flaschen, verkorkt und verpicht
sie wohl, und legt sie im Keller in den Sand.

220. Kirschen=Wasser.

Man stoße ein viertel Pfund gedörrte Weichseln
sammt den Steinen in einem Mörser ganz klein, gieße
eine Maas Wasser darauf, und lasse es nebst der Schaale
einer halben Zitrone, einem Stücken Zimmt und Zucker
nach Belieben eine Stunde kochen. Hierauf seihet man
es durch ein leinenes Tuch, und läßt es erkalten. Es
ist ein sehr guter Trank für Kranke.

221. Himmbeer-Wein.

Man zerdrückt Himmbeere, preßt sie aus, und filtrirt den Saft durch Flanell in einen steinernen Krug. Zu einer Maas Saft thut man zwei Pfund gestoßenen Zucker, rührt ihn gut um, und läßt ihn drei Tage bedeckt stehen. Alsdann gießt man ihn klar ab, thut zu jeder Maas Saft zwei Maas weißen Wein, und zieht ihn in Bouteillen ab. In acht Tagen ist er trinkbar.

222. Himmbeer-Wasser.

Man zerquetscht gute, reife Himmbeere in einem irdenen Gefäße, drückt den Saft durch ein Tuch, thut zu einer Maas Saft zwei Maas Wasser und den Saft von einer Zitrone, versüßt ihn nach Gutdünken mit Zucker, und läßt ihn durch eine Serviette laufen.

223. Heidelbeer-Wein.

Man zerquetscht Heidelbeere, setzt den entstaubenen Brei vier und zwanzig Stunden in den Keller, und preßt ihn dann durch Flanell so rein als möglich. Auf eine Maas Saft nimmt man ein viertel Pfund Zucker, und bringt ihn in einem Fasse zur Gährung. Er wird dann wie der Johannisbeer-Wein behandelt.

224. Borsdorfer-Aepfeltrank.

Es werden vier Borsdorfer Aepfel geschält und in vier Theile geschnitten. Hierauf thut man die Schale von einer halben Zitrone und eine kleine Hand voll gewaschene, kleine Weinbeere dazu, gießt eine Maas Wasser daran, läßt es mit etwas Zucker eine Stunde kochen, und preßt es hernach durch ein leinenes Tuch. Wenn es erkaltet ist, schmeckt der Trank sehr angenehm, und ist sehr kühlend.

225. Quitten-Ratafia.

Es werden reife Quitten auf dem Reibeisen gerieben, durch ein Tuch gepreßt, und der Saft durch Fließpapier in eine Flasche geseihet. Hierauf giebt man zu einer Maas Saft eine Maas Franzbranntwein, ein halbes Pfund Zucker, die klein geschnittene Schale von einer Zitrone, nebst einem Loth Zimmt und etwas gröblich gestoßenen Nelken in die Flasche, und läßt sie, gut zugebunden, vier bis sechs Wochen lang an der Sonne distilliren. Alsdann füllt man den Ratafia in Bouteillen, pfropst sie gut zu, und stellt sie an einen kühlen Ort.

226. Kirschen-Ratafia.

Ein halbes Pfund getrocknete Kirschen stößt man mit den Kernen klein, thut sie nebst zwei Maas Kornbranntwein, einem Pfund Zucker, zwei Quint Zimmt, zwei Quint Cardamomen und einem halben Quint Nelken, welches Alles gröblich gestoßen werden muß, in eine leicht verstöpselte Flasche, und setzt solche vierundzwanzig Stunden lang an einen temperirten Ort. Hernach seihet man den Ratafia so oft durch Fließpapier, bis er klar ist, und füllt ihn in Bouteillen.

227. Ratafia von spanischen Weichseln.

Man nimmt hierzu eine Flasche, die oben nicht zu enge ist, füllt sie zur Hälfte mit abgestielten, spanischen Weichseln, und gießt so viel Kornbranntwein darauf, bis die Flasche voll ist. Hierauf thut man zu einer Maas Branntwein ein halbes Pfund gestoßenen Zucker, etwas Zimmt und Nelken hinzu, setzt sie drei bis vier Wochen in die Sonne, und filtrirt ihn hernach durch Fließpapier.

228. Ratafia von Himmbeeren und Johannisbeeren.

Man nimmt Himmbeere und Johannisbeere zu gleichen Theilen, zerdrückt und preßt sie durch ein reines Tuch. Nun vermischt man mit einer Maas Saft eine Maas guten Branntwein und so viel gestoßenen Zucker als zur Versüßung nöthig ist, bringt Alles, nebst etwas Zimmt und Nelken in eine Flasche, und läßt es an der Sonne distiliren. Das weitere Verfahren ist dann wie bei den vorhergehenden Ratafias.

229. Ratafia von Erdbeeren, Maulbeeren oder Brombeeren.

Auf zwei Pfund Beere gießt man zwei Maas Branntwein, pfropft die Flasche zu, und läßt sie sechs bis acht Tage in mäßiger Wärme stehen. Hierauf seihet man Alles durch ein reines Tuch, thut ein halbes Pfund Zucker, nebst gestoßenen Zimmt, Nelken und Cardamomen dazu, läßt dieses noch einige Tage an einem warmen Orte stehen, und filtrirt den Ratafia.

230. Ratafia von Pfirsichen.

Vollkommen reife Pfirsiche schält man, nimmt die Kerne heraus, reibt sie auf einem Reibeisen, treibt sie hernach durch ein Haarsieb, und drückt den Saft aus. Hierauf gießt man eben so viel Kornbranntwein als man Saft hat darauf, und nimmt auf eine Maas Flüssigkeit zwölf Loth Zucker, zw. Loth Muskatenblüthe, zwei Loth Nelken, zwei Loth Zimmt und ein halbes Loth Vanille, aber Alles gröblicht gestoßen. Nun mischt man dieß alles zusammen, läßt es in mäßiger Wärme eine Zeit lang stehen, filtrirt es, und füllt es in Flaschen.